Für Papa und die Eichhörnchen,
die mir in den letzten
zehn Jahren begegnet sind

Natalie Kriwy
14/09 Tagebuch einer Genesung

PRESTEL
München · London · New York

Inhalt

9   Vorwort
    Von Natalie Kriwy

12 Eine besondere Begegnung
    Von Prof. Dr. Dorothea Fischer

16 Fotos

157 Tagebuch

223 Natalie Kriwy

224 Dank

226 Impressum

Vorwort
Von Natalie Kriwy

Anfang September 2011 entdeckte ich in meiner linken Brust eine kleine, feste Kugel. Sie beunruhigte mich sehr. Zehn ungewisse und belastende Tage vergingen, bis nach verschiedenen Arztbesuchen die Diagnose schließlich feststand. Als ich am 14. September erfuhr, dass es sich bei dieser kleinen Kugel um Brustkrebs handelte, war ich fast erleichtert. Ich wusste endlich, was los war und dass jetzt etwas dagegen unternommen werden würde. Die Tränen und die Angst kamen erst zwei Tage später.

  In den nun folgenden zwei Wochen bestand mein Leben fast ausschließlich aus Klinik- und Arztterminen. Immer wieder wurde ich untersucht. Man erklärte mir die bevorstehende Therapie und den genauen Zeitplan, implantierte mir einen Portkatheter, über den ich meine Chemotherapie verabreicht bekommen sollte. Auch über die Möglichkeiten, dass, ob und wie ich nach der Therapie Kinder bekommen könnte, wurde ich informiert.

  Am 14. September 2011 war ich zweiunddreißig Jahre alt und arbeitete seit vielen Jahren als Fotografin. Selbstporträts hatte ich zuvor nie gemacht, denn hinter der Kamera fühlte ich mich immer wohler. Dort war mein Platz. Auch Tagebuch habe ich nie ernsthaft geschrieben. Die neue, bedrohliche Situation mit dem Krebs löste nun in mir das Bedürfnis aus, den Verlauf der Krankheit und das, was mit meinem Körper passieren würde, genau zu dokumentieren, mit Fotos vor allem, aber auch mit Texten und sammelbaren Zeugnissen jeder Art. Ich hoffte, auf diese Weise später besser verstehen zu können, was mit mir und meinem Körper passiert war. Je länger ich über diese Idee nachdachte, desto neugieriger wurde ich.

Am 29. September bekam ich die erste Chemotherapie. Während die Wirkstoffe über den Port in mich hineinliefen, machte ich meinen ersten Tagebucheintrag. Einen Tag später folgte mein erstes Selbstporträt. Vorgenommen hatte ich mir, täglich ein Foto von mir zu machen und Tagebuch zu schreiben. Doch ich hatte unterschätzt, wie erschöpfend eine Chemotherapie ist. Statt einer kontinuierlichen, täglichen Dokumentation entstanden so Fotoserien, und die Tagebucheinträge variieren sehr in ihrem Rhythmus und in ihrer Ausführlichkeit.

In den folgenden zwei Jahren machte ich über sechstausend Fotos. Meine schriftlichen Aufzeichnungen füllen zwei Tagebücher. Ich listete alle Medikamente, die ich nehmen und die mein Körper verarbeiten musste. Ich sammelte, was sammelbar war: ausgerissene Haare, ausgefallene Wimpern und Augenbrauen, Krustenreste von meinen Narben, verbrauchte Spritzen und alte Pflaster, meine Kompressions-BHs, die ich nach der Operation tragen musste. Ich bewahrte Mützen auf, Schminke und Schmuck, mit denen ich meinen Krebs nach außen so unsichtbar wie möglich halten wollte. Ich wollte gesund wirken. Das war mir sehr wichtig, so wichtig, dass ich, auch wenn ich vieles andere nicht schaffte, mich jeden Tag sehr sorgfältig schminkte.

Die Tumorzellen in meiner Brust waren sehr aggressiv. Drei Monate nach der Diagnose stellte sich bei einer humangenetischen Analyse heraus, dass der Krebs auf die Genmutation BRCA1 zurückzuführen ist. Mir war von Anfang an klar, dass die Situation sehr ernst war. Aber ich war immer optimistisch und ging davon aus, dass ich wieder gesund werde. Vom Moment der Diagnose an habe ich mich bei allen Ärzten sehr gut aufgehoben gefühlt, ihnen vertraut und mich ihnen anvertraut. Ich habe wenig hinterfragt und immer grünes Licht gegeben.

Vielleicht bin ich naiv, aber mir hat diese Art sehr geholfen. Ich wollte den Krebs besiegen, indem ich ihn nicht zu ernst nahm, mich auf das Positive konzentrierte und die Veränderungen an meinem Körper auch mit Neugier beobachtete. Mit meinen Fotos, den Aufzeichnungen und Sammlungen begann ich, mein Leben während der Behandlung auf meine Weise zu gestalten. Heute betrachte ich die Fotos und alles, was ich gesammelt habe, mit einer gewissen Neugierde. Bei meinem Tagebuch ist es anders. Es zieht mich immer wieder in die Zeit zurück. Einige Stellen rühren mich jedes Mal, zum Beispiel die, als mein Bruder weint, nachdem die BRCA1-Mutation nachgewiesen war. Ich spüre seine Traurigkeit immer wieder genauso stark wie damals.

Die Idee, aus Fotos, Texten und allem, was ich gesammelt und gelistet hatte, ein Buch zu machen, kam mir erst, nachdem durch Zufall eine kleine Auswahl meiner Fotos im Wochenmagazin »Stern« veröffentlicht worden war. Ich erhielt darauf sehr viel positives Feedback, das mir zeigte, dass mein Umgang mit dem Krebs viele Menschen interessierte. Mit diesem Buch möchte ich Mut machen zum Durchhalten und zum Kämpfen und zum Weiterleben.

Eine besondere Begegnung
Von Prof. Dr. Dorothea Fischer

Als mich ein besorgter Kollege anrief, hatte ich gerade Nachtdienst. Seine Freundin habe einen Knoten in der linken Brust. Zwar habe die Radiologin nach Mammografie und Ultraschall Entwarnung gegeben, aber es sei ihm lieb, wenn ich noch mal draufschauen könne. Klar konnte ich, auch gleich am Abend noch. Kurz darauf kamen die beiden in die Klinik. Die Brust tastete sich harmlos, auch der Ultraschall sah nach einer gutartigen Veränderung aus. Um ganz sicherzugehen, nahm ich schließlich noch eine Gewebeprobe.

Das Ergebnis überraschte mich sehr: Die Zellen waren bösartig. Eine Chemotherapie würde durchgeführt werden müssen, danach eine Operation. Wie radikal diese ausfallen würde, hing von dem Ergebnis der Humangenetiker ab, auf das wir noch eine ganze Weile warten mussten.

Medizinisch war die Situation klar und leider auch nicht ungewöhnlich. Dennoch war die Begegnung mit Natalie für mich von Anfang an besonders. Sie war jung, wollte alles wissen, war sehr offen. Sie wirkte zart und verletzlich wie ein Schmetterling, aber gleichzeitig war sie unglaublich stark und sehr sachlich. Auf meine Frage, was ihr im Leben wichtig sei, antwortete sie, ihre Kamera und ihre Fotos. Und so sprachen wir schließlich darüber, dass sie sich therapiebegleitend fotografieren wolle.

Als keine weiteren Metastasen gefunden wurden, entnahmen Kollegen noch Eizellen, um den bestehenden Kinderwunsch auch dann zu ermöglichen, wenn die Therapie sich doch auf die Eierstöcke auswirken würde. Dann begann die Chemotherapie. Ich sah Natalie immer zu den Kontrollterminen, wo ich überprüfte, ob die Therapie wirkte und der Tumor kleiner wurde. Schon zum ersten brachte Natalie die Fotos mit, auf denen sie sich die Haare ausreißt. Sie haben mich sehr berührt. Vieles von dem, was Patientinnen sonst berichten, wurde so noch einmal persönlicher, näher. Als Natalie gegangen war, musste ich erst einmal durchschnaufen. Für die folgenden Kontrolltermine plante ich zehn Minuten mehr ein.

»Schauen Sie mal, ich habe neue Fotos«, sagte Natalie immer wieder und präsentierte mir ihre Bilder jedes Mal sehr offen. Mir erschien auch ihr Umgang mit der Erkrankung so zu sein. Es war selbstverständlich, dass sie die Dinge so tun musste, wie ich sie mit ihr besprochen hatte, aber auch, dass sie unbeschadet hindurchgehen würde. Es schien ihr sehr klar zu sein, dass sie es schafft.

Als die Humangenetiker drei Monate später die genetische Veränderung im BRCA1-Gen diagnostizierten, war es für Natalie keine Frage, dass sie beide Brustdrüsenkörper entfernt haben wollte. Sie war auch hier für die radikale, für ihr Gefühl sichere Lösung.

Brustkrebs ist in der westlichen Welt die häufigste Krebserkrankung der Frau. In Deutschland erkrankt jede achte Frau daran. Für junge Frauen ist es die häufigste Todesursache, insgesamt geht die Sterblichkeit jedoch zurück, die Fünfjahresüberlebensrate für alle Frauen liegt derzeit bei knapp neunzig Prozent.

Etwa fünf Prozent der Brustkrebserkrankungen sind erblich bedingt, das höchste Erkrankungsrisiko besteht, wie bei Natalie, für Frauen mit einer Mutation des BRCA1- und BRCA2-Gens. In diesen Fällen liegt die Wahrscheinlichkeit, an Brustkrebs zu erkranken, bei fünfundsiebzig und fünfundvierzig Prozent. Eine prophylaktische Operation beider Brüste kann hier das Erkrankungsrisiko deutlich senken, gleichzeitig besteht ein strukturiertes Früherkennungsprogramm, um einen Tumor möglichst zeitig zu entdecken.

Die Therapieplanung muss unterschiedliche Faktoren berücksichtigen. Neben dem Tumorstadium spielt hier vor allem die Tumorbiologie eine Rolle. Individuell wird fast immer eine Kombination verschiedener Therapieformen (Operation, Chemotherapie, Antihormontherapie, Antikörpertherapie und Bestrahlung) zusammengestellt.

Zwei Abende vor Natalies Mastektomie gingen wir zusammen in den OP. Ich zeigte ihr diese doch recht andere Welt, obwohl ich mir nicht sicher war, ob es für sie gut sei, das alles zu sehen und sich die OP im Detail vorstellen zu können. Und wie würde es für mich sein, bei der Arbeit fotografiert zu werden und den ganzen Prozess festzuhalten? Wieder war ich über Natalies Sachlichkeit überrascht. Das alles schien nichts mit ihr zu tun zu haben. Wir legten fest, was sie fotografiert haben wollte, positionierten die Kamera genau und besprachen, wie und wann die OP-Pflegerin auf den Auslöser der Kamera drücken sollte.

Nach der Operation war Natalies Therapie abgeschlossen. Wir sahen uns noch zu Nachsorgekontrollen. Unser Kontakt wurde enger, weil ich meine Rolle der Ärztin ein wenig verlassen konnte, und gleichzeitig lockerer, weil die Untersuchungsintervalle weiter auseinander lagen. Irgendwann brachte Natalie noch mal Fotos mit.

Die Nachricht, dass die Schauspielerin Angelina Jolie sich die Brüste hatte präventiv entfernen lassen, war einige Tage zuvor durch die Medien gegangen. Kurz darauf war Natalie bei einem Termin mit einer Bildredakteurin des Nachrichtenmagazins »Stern« durch Zufall auf ihre Erkrankung und ihre Fotos zu sprechen gekommen und hatte ihr danach Bilder gezeigt. Im Rahmen einer großen Geschichte über Brustkrebs veröffentlichte der »Stern« schließlich auch eine Auswahl von Natalies Fotos. Ich habe mich riesig gefreut, dass sie sie dort zeigen konnte. Und noch mehr freue ich mich, dass aus dem Projekt nun dieses so besondere Buch entstanden ist.

Prof. Dr. Dorothea Fischer ist Gynäkologin, Psychoonkologin und Palliativmedizinerin. Als Natalie Kriwy erkrankte, leitete sie das Brustzentrum am Universitätsklinikum Schleswig-Holstein Campus Lübeck. Heute ist sie Chefärztin der Gynäkologie und Geburtshilfe am Klinikum Ernst von Bergmann in Potsdam.

Erster Chemozyklus 29.09. bis 19.10.2011

Erster Chemozyklus 29.09. bis 19.10.2011

30.09.2011

Gestern habe ich den ersten Zyklus der Chemotherapie bekommen und heute das erste Porträt gemacht.

01.10.2011
Die ersten Nebenwirkungen sind spürbar. Ich bin ziemlich müde und ruhe mich am Strand von Scharbeutz aus.

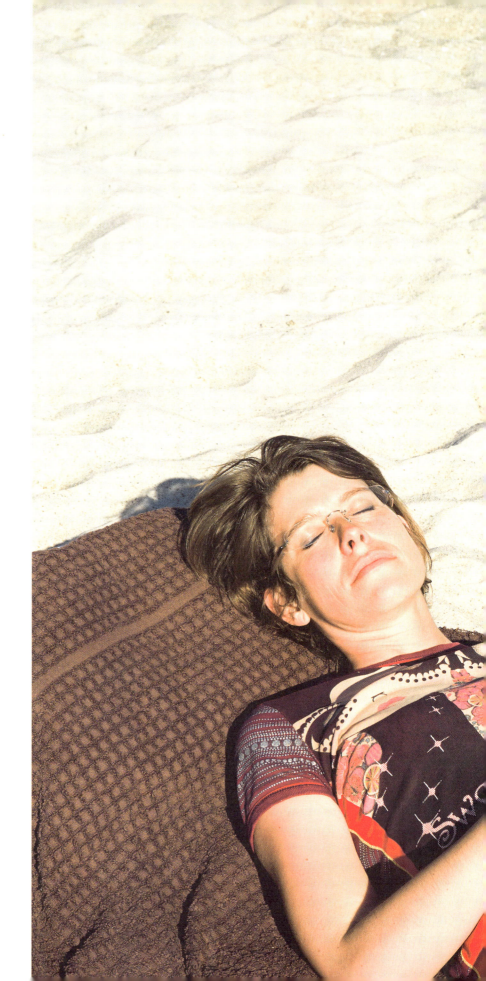

09.10.2011
Gestern hat mich eine Kosmetikerin beraten und heute schminke ich mich zum ersten Mal selbst.

Beim Abendessen stelle ich mir vor, dass die Medikamente die Tumorzellen genauso verschlingen wie ich meine Pizza.

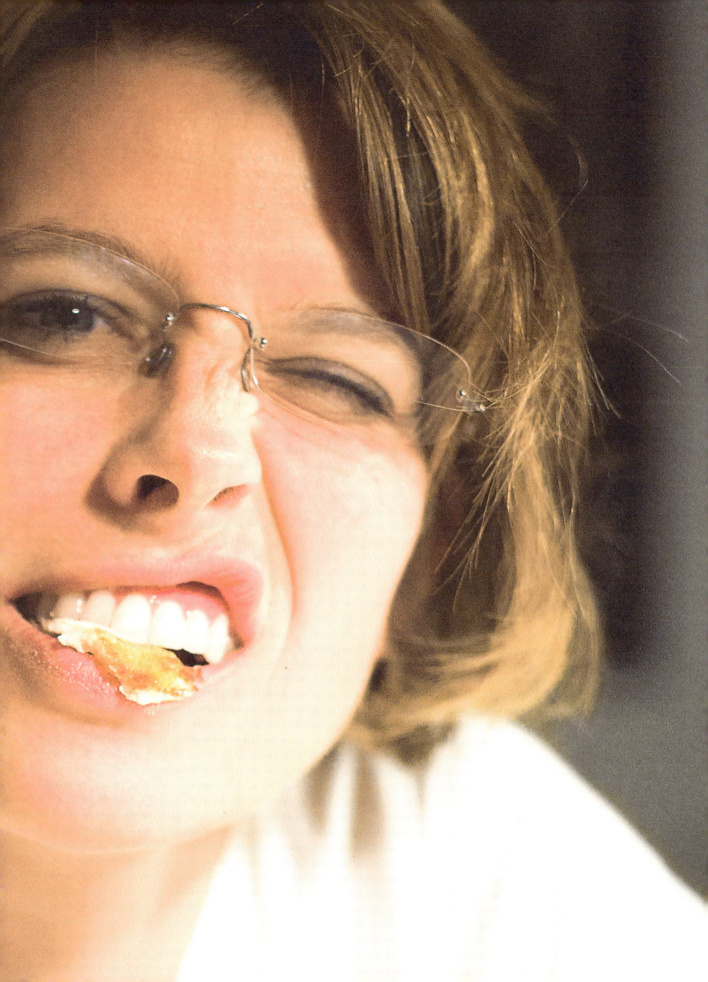

14.10.2011
Die ersten Haare sind ausgefallen. Die anderen werden wohl auch nicht mehr lange halten.

15.10.2011

Gestern Nachmittag habe ich mir eine Mütze aufgesetzt und sie die Nacht über aufbehalten, damit ich mir die Haare nicht alle am Kissen vom Kopf reibe. Mal sehen, wie es jetzt unter der Mütze aussieht.

Zwei Stunden lang habe ich mir die Haare vom Kopf gezogen. Den Rest rasiere ich ab.

Zweiter Chemozyklus   20.10. bis 09.11.2011

04.11.2011
Meine Cousine Soph besucht mich für
ein paar Tage in Lübeck. Heute machen wir
einen Spaziergang um die Altstadtinsel,
etwas frische Luft schnappen.

05.11.2011

Schon vor ein paar Wochen habe ich Soph gefragt, ob sie mir den Kopf bemalen könnte, wenn er kahl ist.

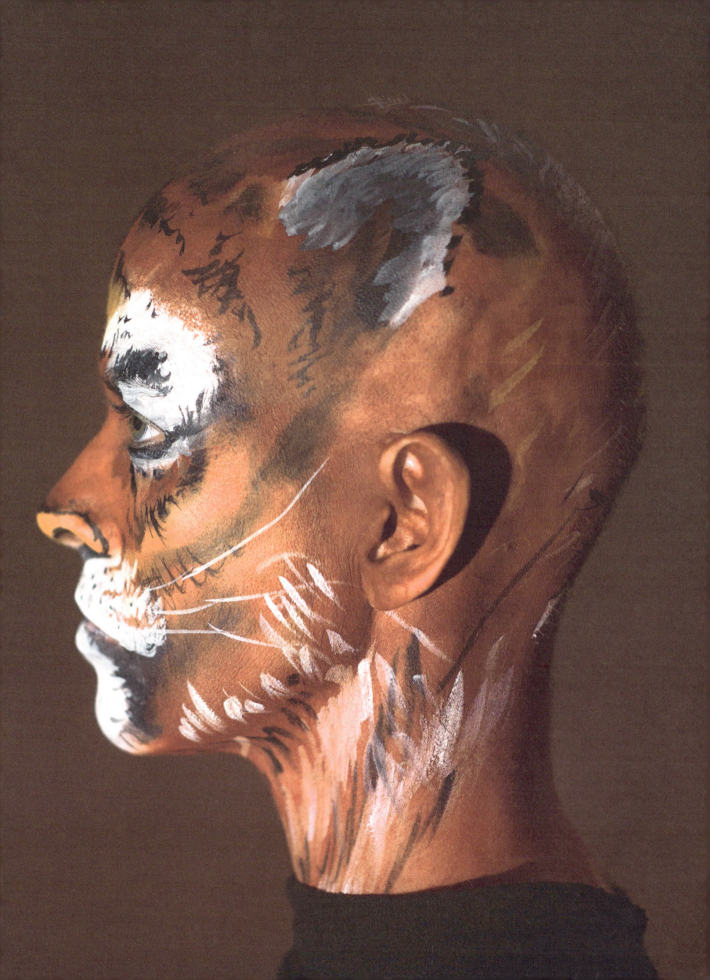

06.11.2011
Ich habe zwei Perücken, trage sie aber sehr selten.
Die gehäkelten Mützen von Tante Maria sind mir
viel lieber.

Dritter Chemozyklus   10. bis 29.11.2011

10.11.2011

Heute bekomme ich die dritte Chemo. Ich bin ziemlich fertig. Die letzten drei Nächte habe ich schlecht geschlafen. Keine Ahnung warum.

21.11.2011

Mein Freund Basti und ich sind in Niendorf. Die Seeluft tut gut. Morgen habe ich den Termin bei der Humangenetik. Auch wenn vermutlich nicht viel passieren wird, bin ich nervös.

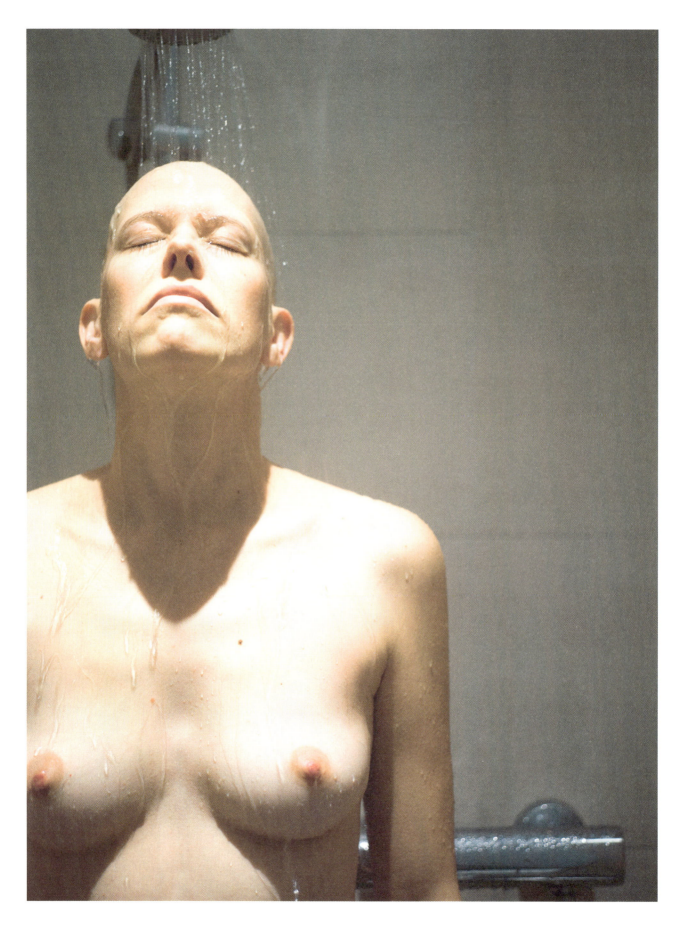

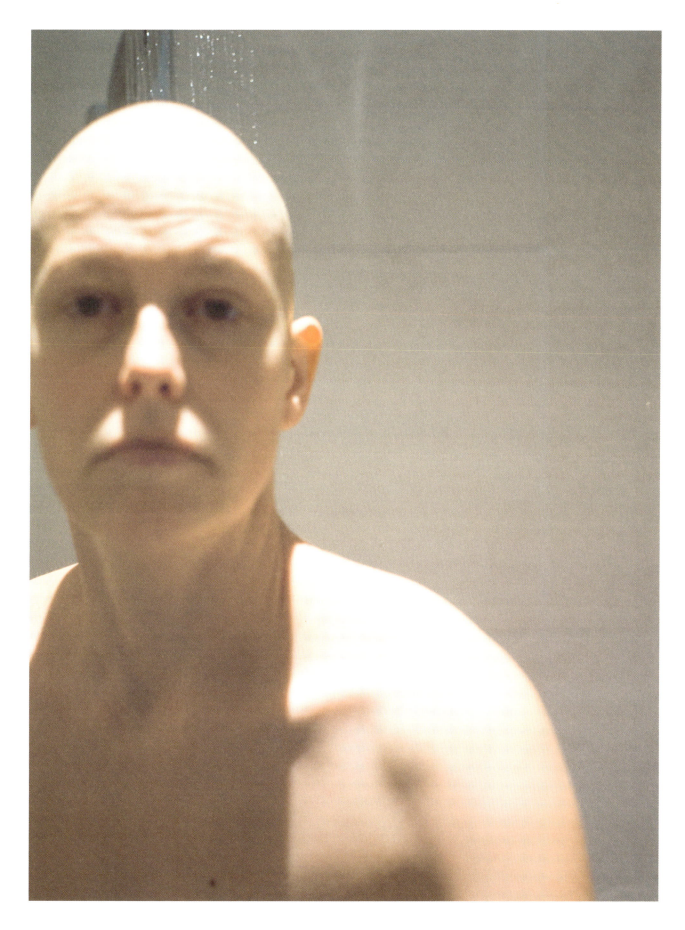

27.11.2011

Ich bin etwas erkältet und hoffe,
dass ich jetzt nicht krank werde.

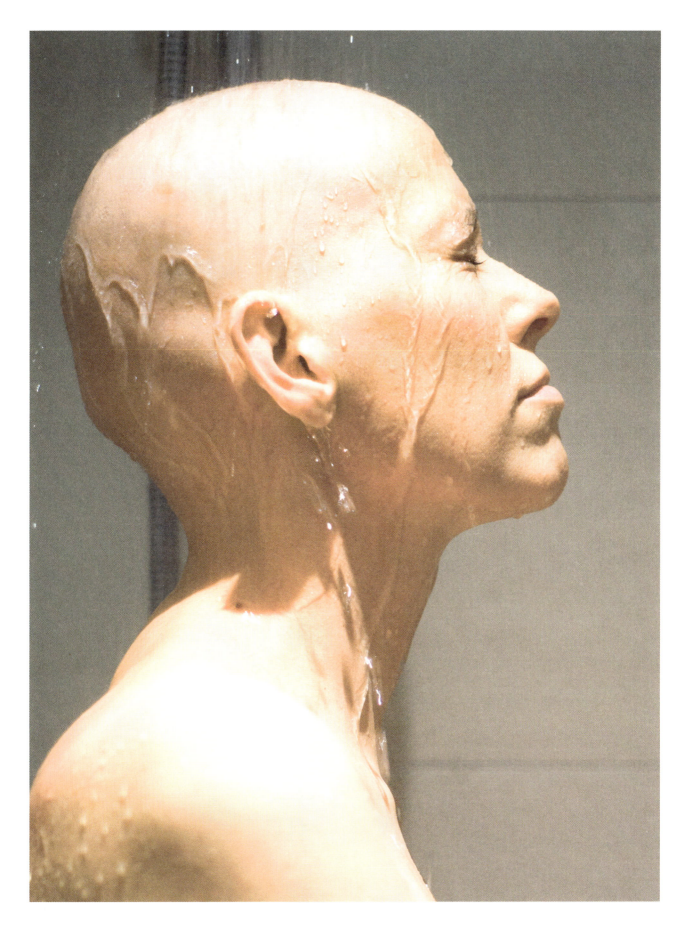

Vierter Chemozyklus   30.11. bis 19.12.2011

30.11.2011
Vor der Chemotherapie bekomme ich Fortecortin gegen Übelkeit und Erbrechen.

Der erste Wirkstoff ist Docetaxel.

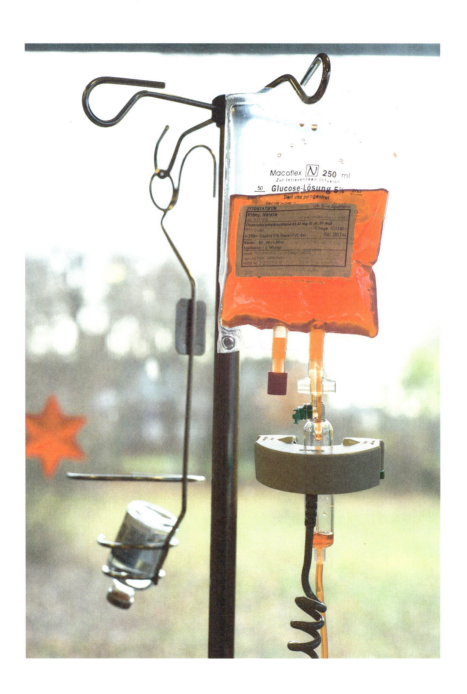

Dann folgt Doxorubicinhydrochlorid. Die Farbe erinnert mich an Aperol Spritz.

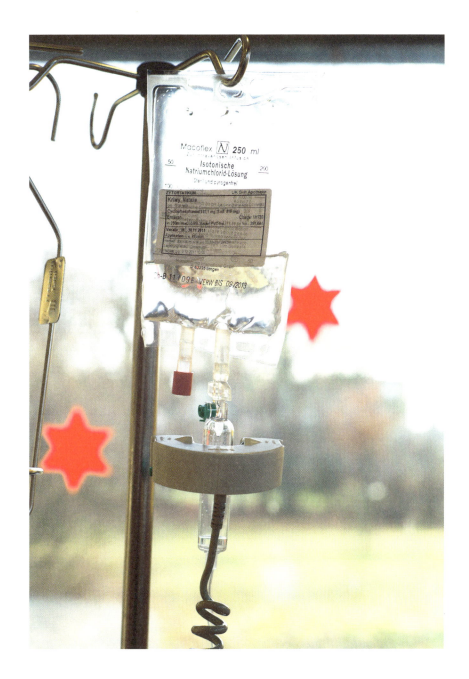

Cyclophosphamid ist der dritte Wirkstoff, der in mich hineinläuft.

05.12.2011

Dieser Chemozyklus macht mich fertig.
Ich bin ein Nichtsnutz.

19.12.2011

Das ist meine neue Brille. Sie ist markanter als die alte, damit es nicht so auffällt, wenn ich keine Augenbrauen mehr habe. Aber noch sind sie da.
Morgen bekomme ich meine fünfte Chemo und in fünf Tagen ist Weihnachten.

Fünfter Chemozyklus   20.12.2011 bis 09.01.2012

07.01.2012

Ich bin Trägerin des BRCA1-gens. Zwei Tage vor Weihnachten kam das Ergebnis der Humangenetiker. Damit steht für mich fest, dass die Brüste wegkommen.

Soph ist wieder zu Besuch.
Diesmal malt sie auch meinen Oberkörper an.

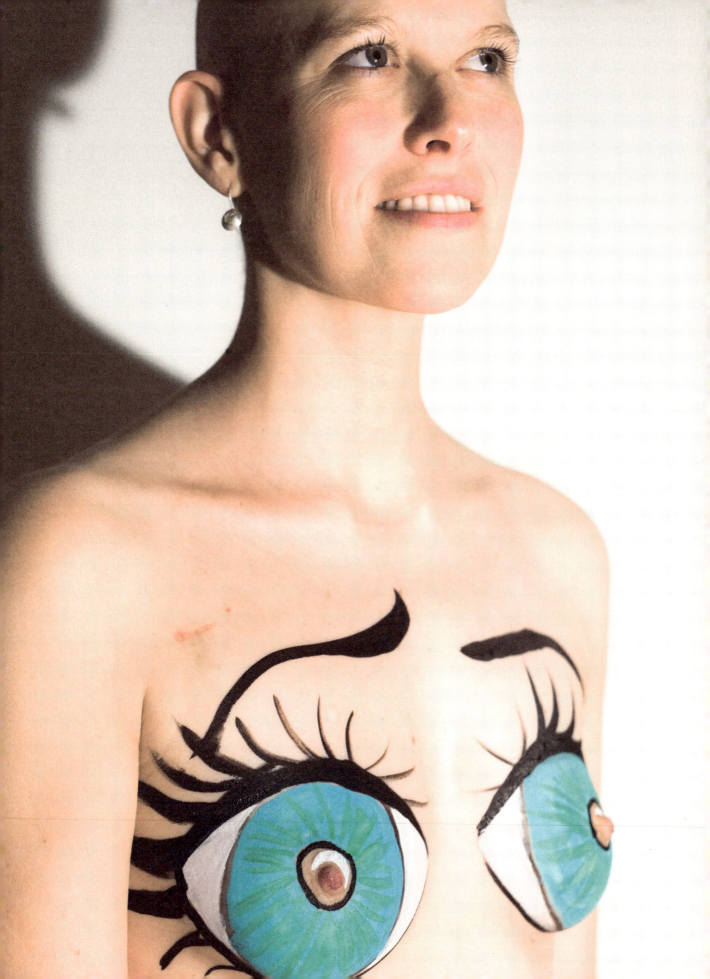

Sechster Chemozyklus und Reha   10.01. bis 05.02.2012

10.01.2012

Gerade bekomme ich den
sechsten und letzten Chemozyklus.
Und dann ist hoffentlich
endgültig Schluss damit.
Über die Bionade im Chemobouillon
freue ich mich jedes Mal.
Heute gibt es Litschi.

28.01.2012

Eine Woche nach dem letzten Chemozyklus bin ich nach Bad Überkingen in die Luise von Marillac Klinik gefahren, eine Reha-Klinik, die sich auf junge Brustkrebspatientinnen spezialisiert hat.

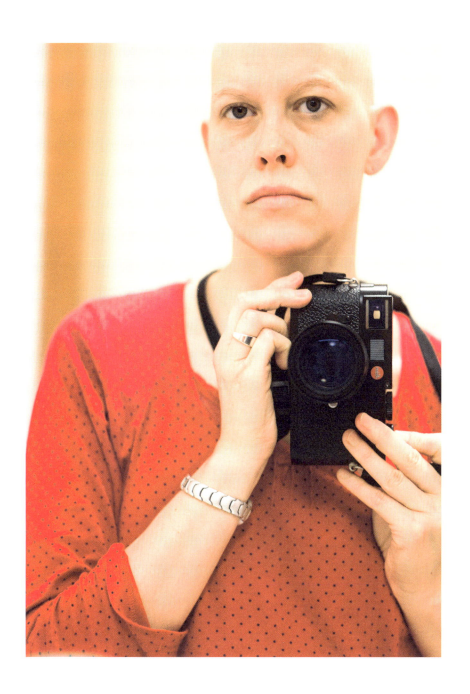

Draußen schneit es.
Die Landschaft sieht einfach toll aus.
Nachher gehe ich spazieren.

05.02.2012

In den letzten Tagen habe ich viel Sport gemacht. Langsam werde ich wieder fitter. Zu merken, dass es bergauf geht, ist ein tolles Gefühl. Aber ich weiß auch, was danach kommt, und habe mich in den letzten Tagen darauf eingestellt: Morgen geht es zurück nach Lübeck und übermorgen zur Mastektomie in die Uniklinik.

Dies ist mein letztes Porträt mit meiner natürlichen Brust.

Operation und Klinik   07. bis 17.02.2012

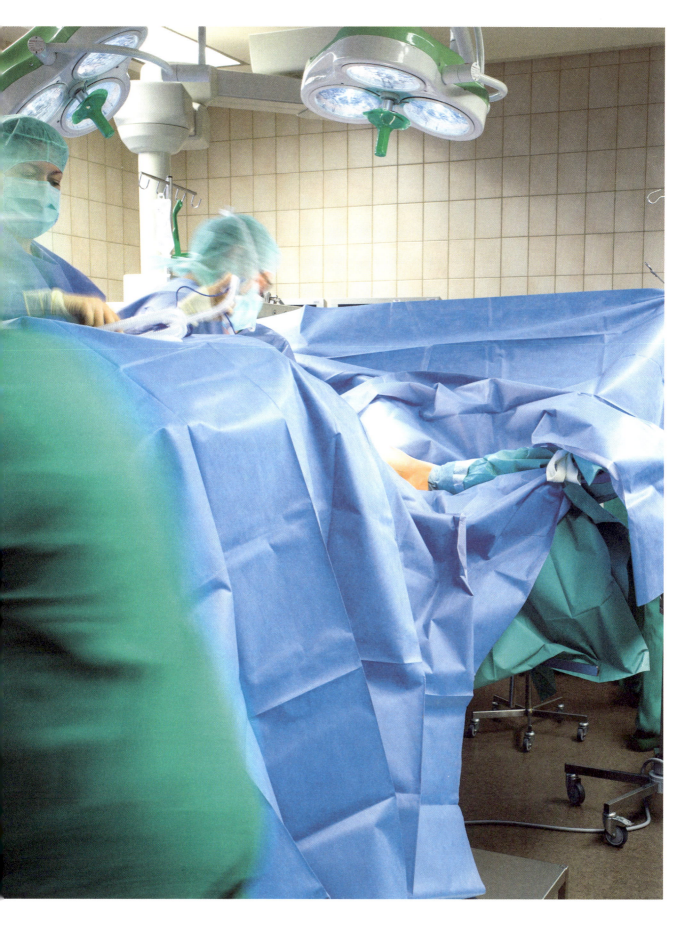

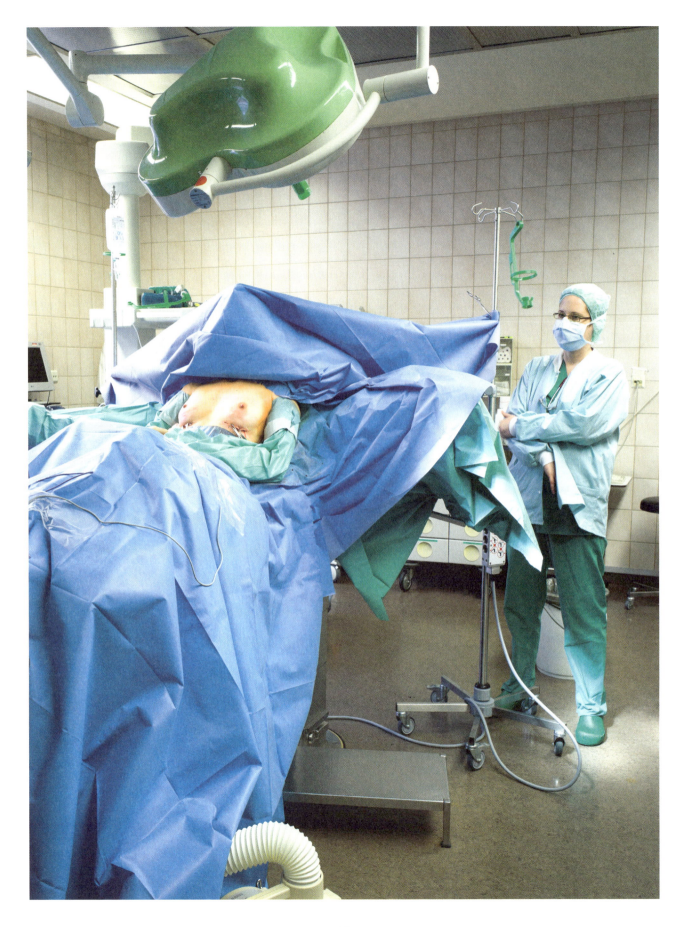

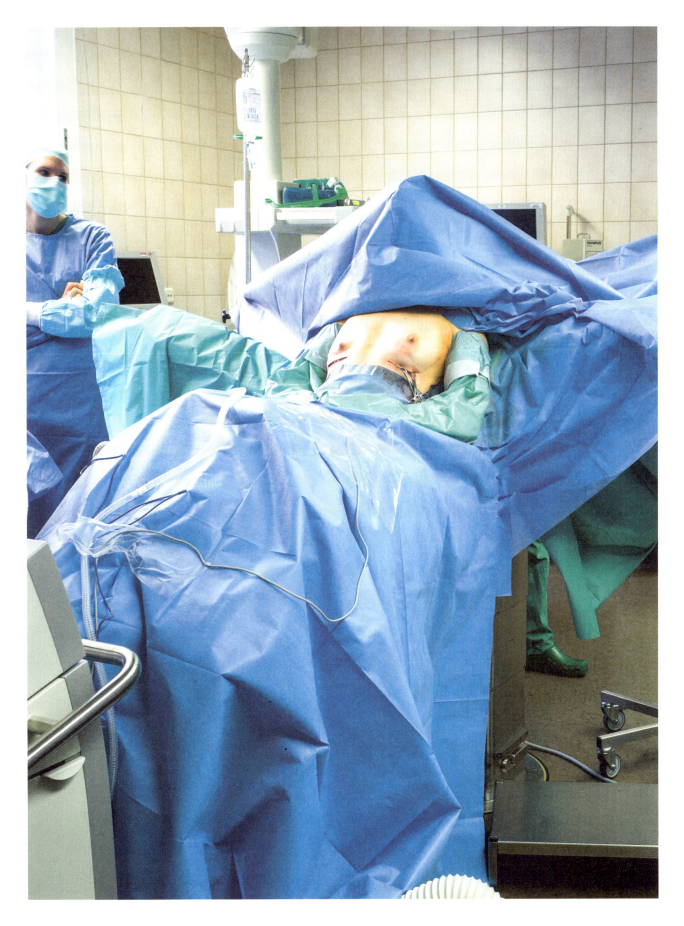

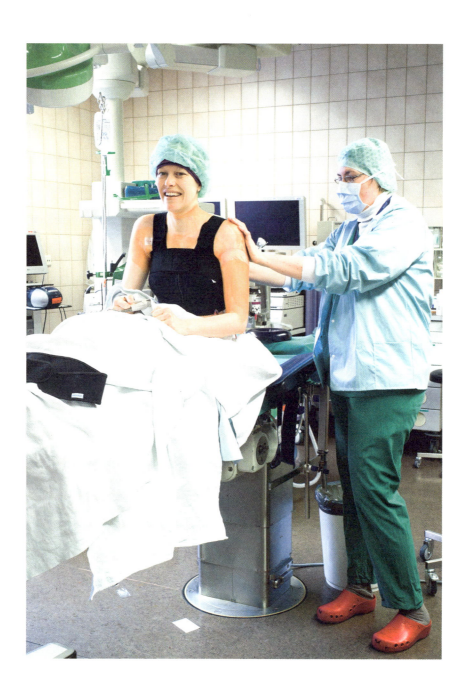

08.02.2012

Drei Stunden wurde ich operiert und bekomme nun einen Kompressions-BH angezogen. Nie im Leben hätte ich gedacht, dass man bereits im OP wieder zu Bewusstsein kommt. Meine Ärztin Frau Fischer hat mir später erzählt, ich hätte gefragt, ob wir schon fertig seien. Daran kann ich mich nicht erinnern. Aber an den Aufwachraum. Basti war bei mir. Ich hatte einen Riesendurst, durfte aber nichts trinken.

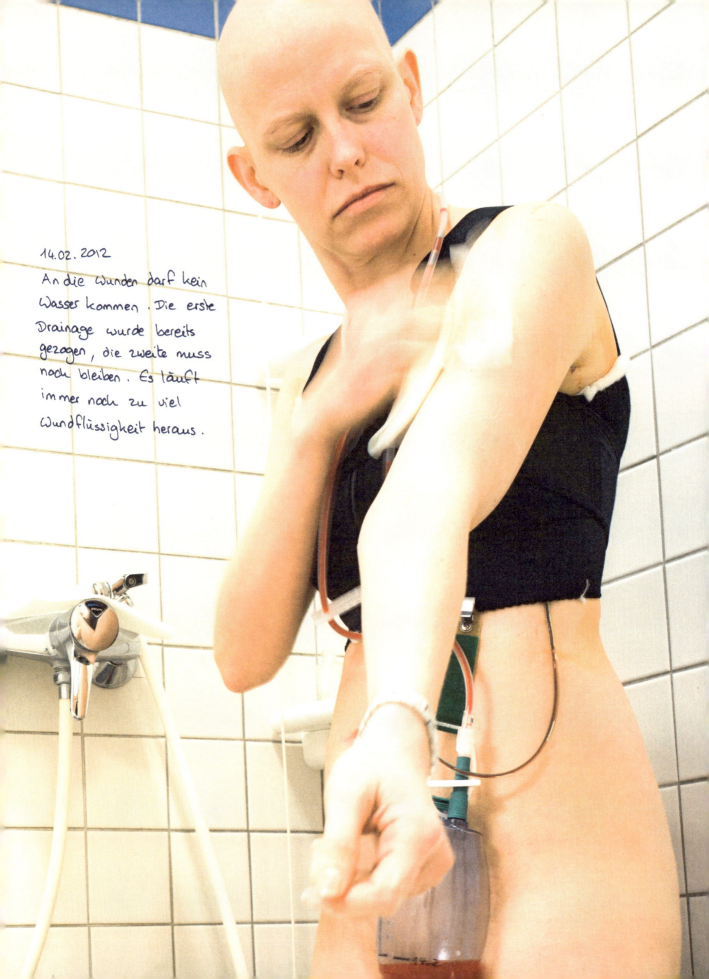

14.02.2012
An die Wunden darf kein Wasser kommen. Die erste Drainage wurde bereits gezogen, die zweite muss noch bleiben. Es läuft immer noch zu viel Wundflüssigkeit heraus.

Gestern bin ich dreiunddreißig geworden.
Vor genau fünf Monaten hat Frau Fischer
mir mitgeteilt, dass ich Brustkrebs habe.
Jetzt ist die Therapie abgeschlossen.

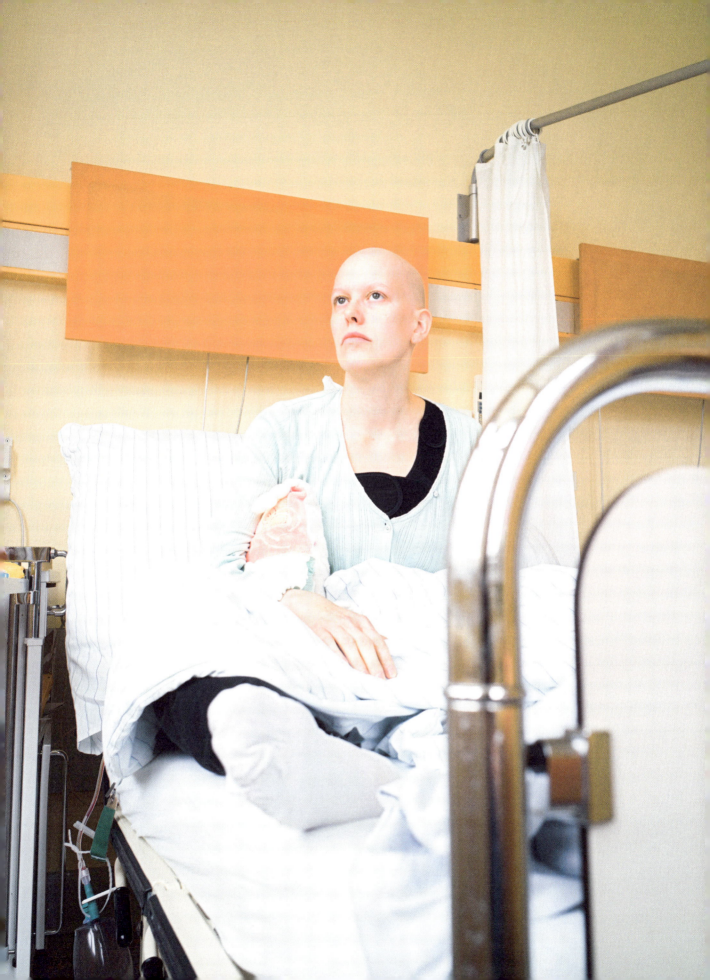

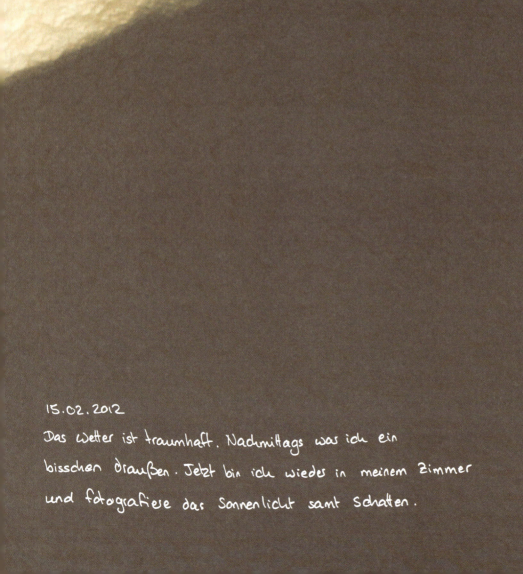

15.02.2012
Das Wetter ist traumhaft. Nachmittags war ich ein
bisschen draußen. Jetzt bin ich wieder in meinem Zimmer
und fotografiere das Sonnenlicht samt Schatten.

Wegen der Wundflüssigkeit muss ich immer noch im Krankenhaus bleiben. Ich wäre so gerne wieder zu Hause und in meinem Bett.

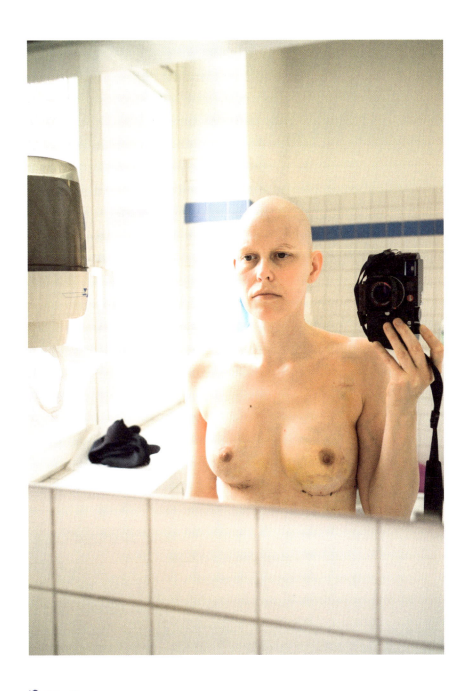

17.02.2012
Endlich wurde auch die zweite
Drainage gezogen. Ich darf nach Hause.
Heute Abend holt Bashi mich ab.

Wieder zu Hause   18.02.2012 bis 30.09.2013

23.02.2012

Die Rosen sind von Basti.

26.02.2012
Die letzten Tage waren sehr kalt.
Auf der Ostsee schwimmen Eisschollen.
Schön sieht es aus.

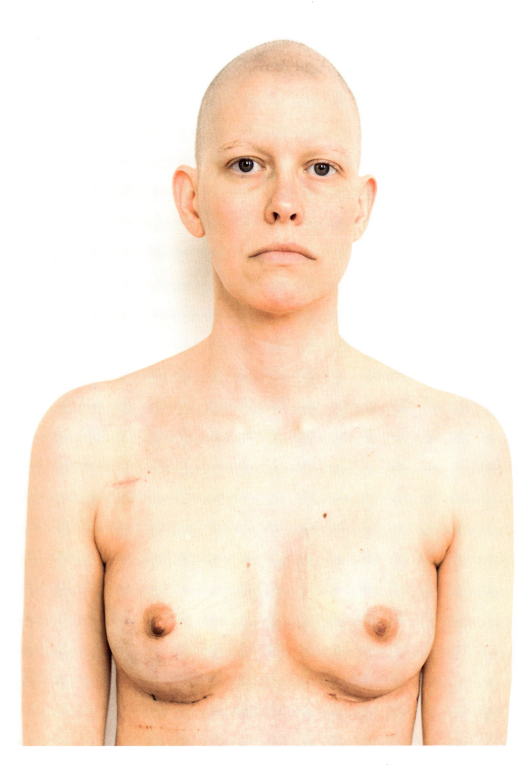

28.02.2012 Seit der OP sind knapp drei Wochen vergangen.

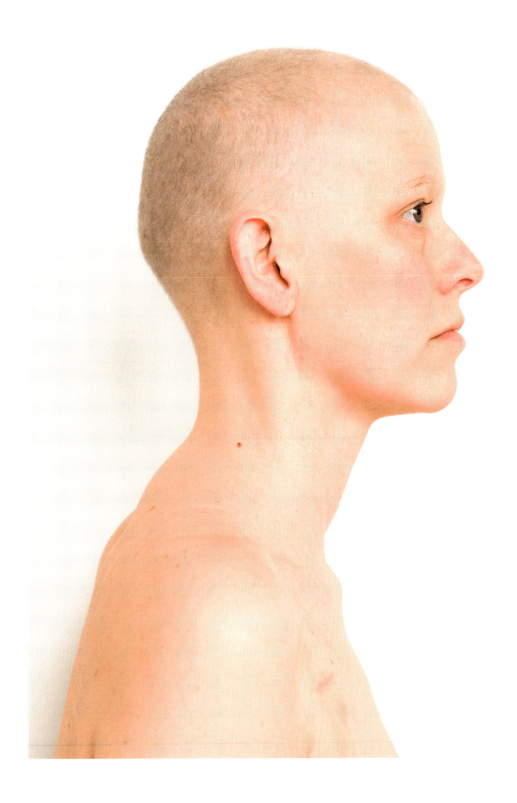

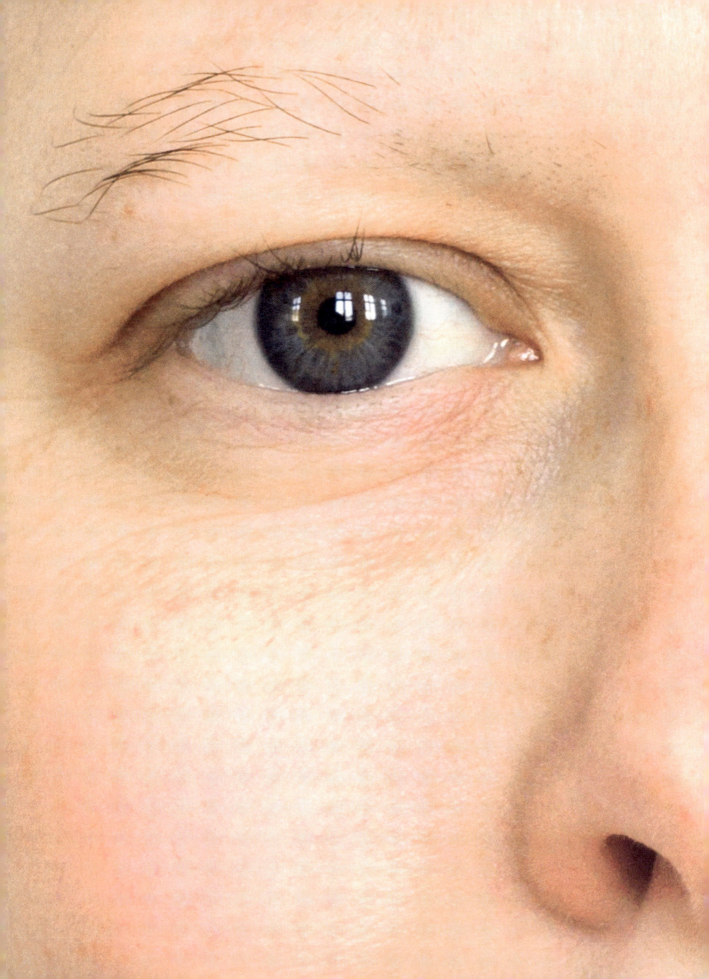

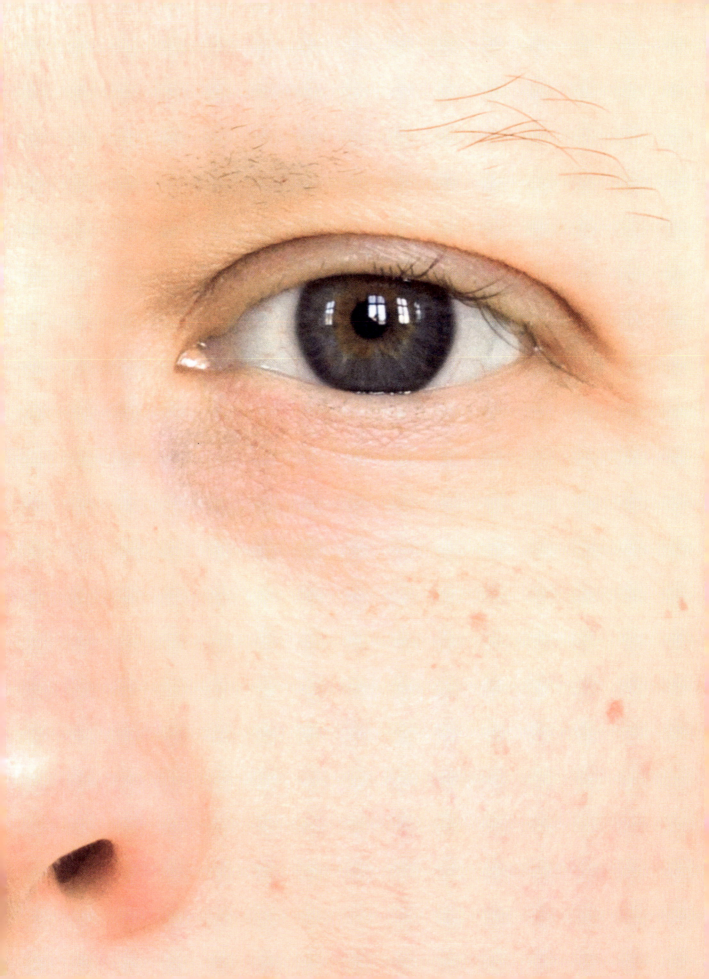

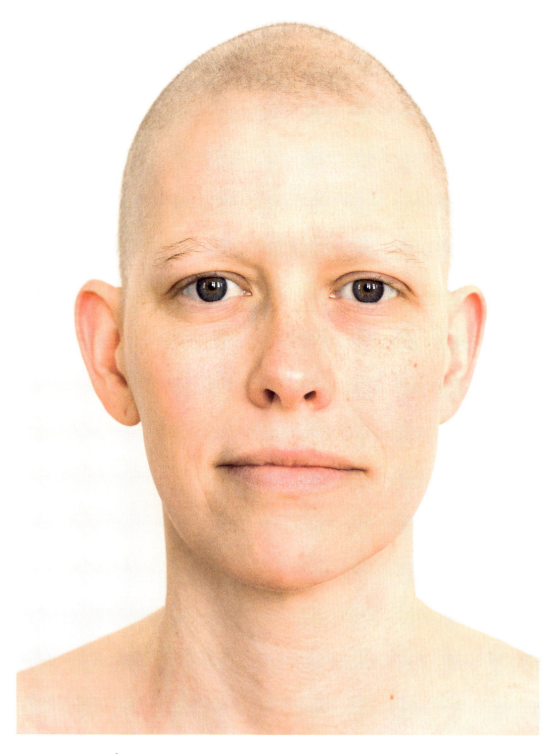
03.03.2012

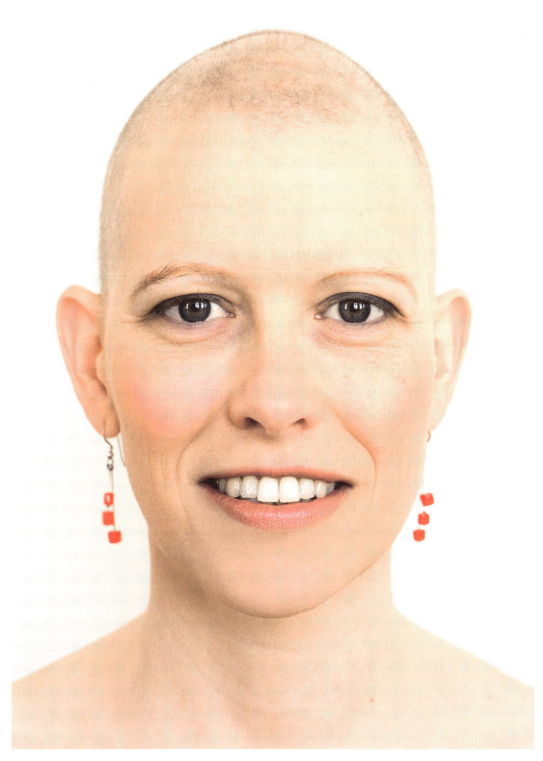

Augenbrauen und Wimpern fallen weiterhin aus. Das ärgert mich.

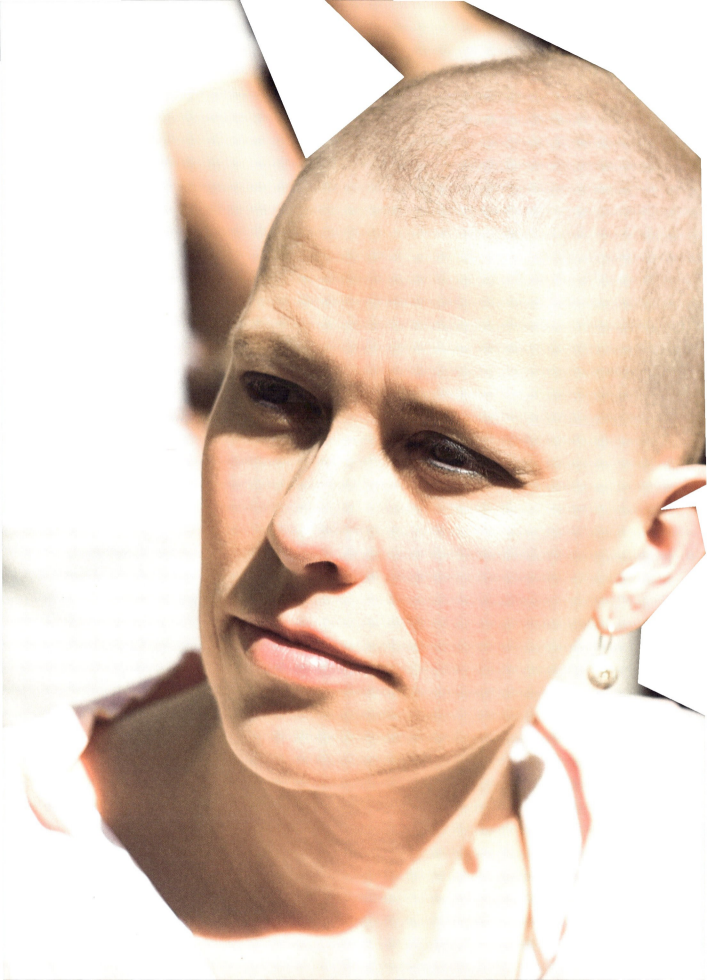

17.03.2012

Ich bin zu Besuch bei meiner Mutter und meinem Bruder in München. Es ist warm und zum ersten Mal gehe ich ohne Mütze raus. Hier macht es mir nicht so viel aus, denn München ist anonymer als Lübeck.

23.03.2012

Am Kanal habe ich mir einen Baum
ausgesucht, den ich jetzt immer fotografiere,
wenn ich ein Bild von mir mache.
Im Moment trägt er nur Blüten.

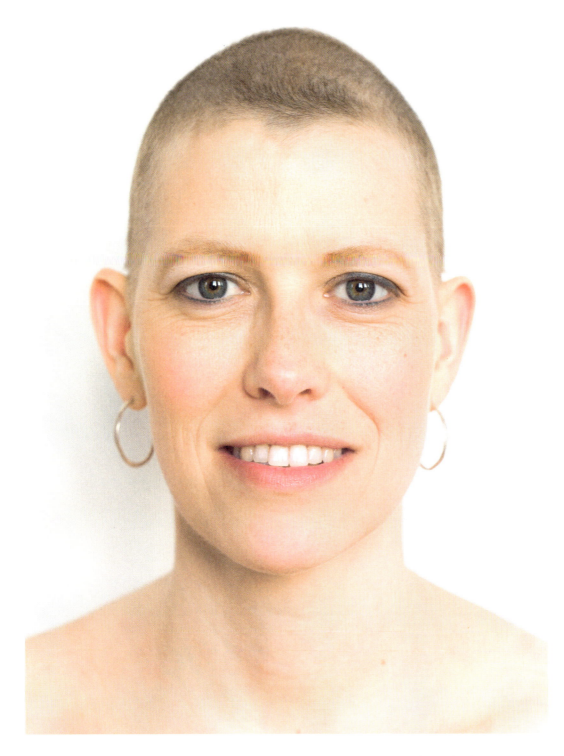

24.03.2012

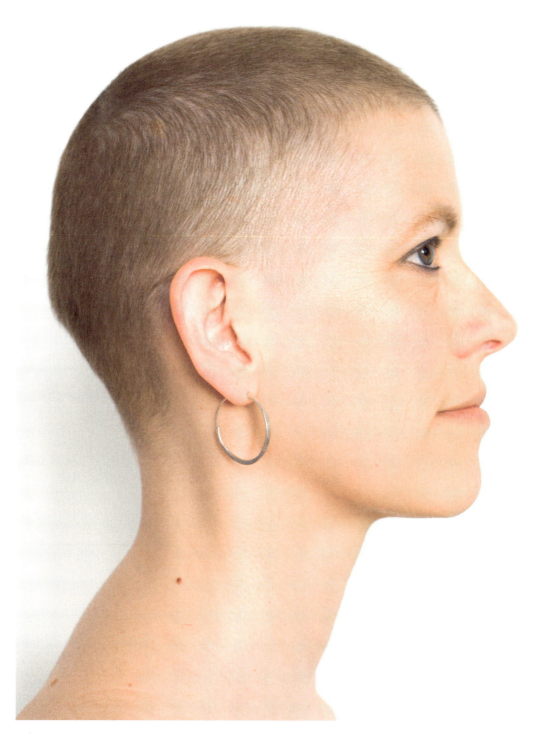

Nun sind alle Augenbrauen und Wimpern ausgefallen, aber die neuen kommen schon nach.

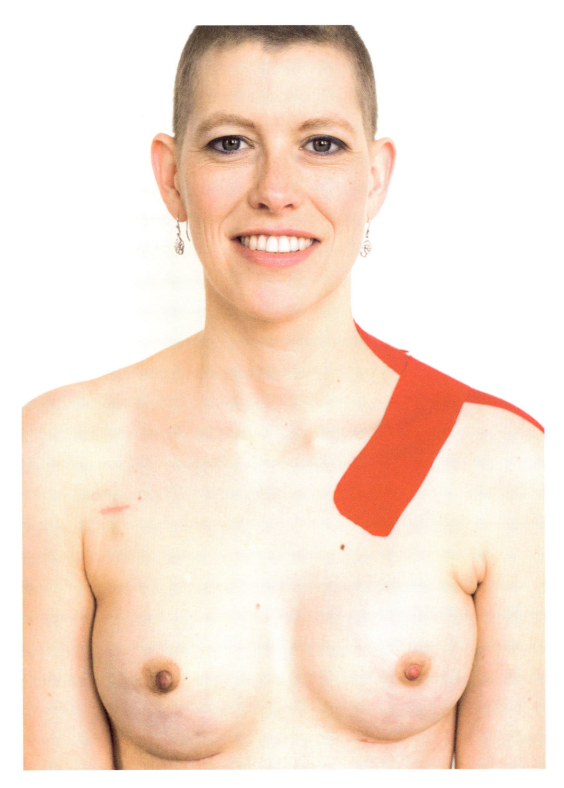

01.04.2012 Seit der OP habe ich oft Schmerzen im Schulter-Nacken-Bereich.

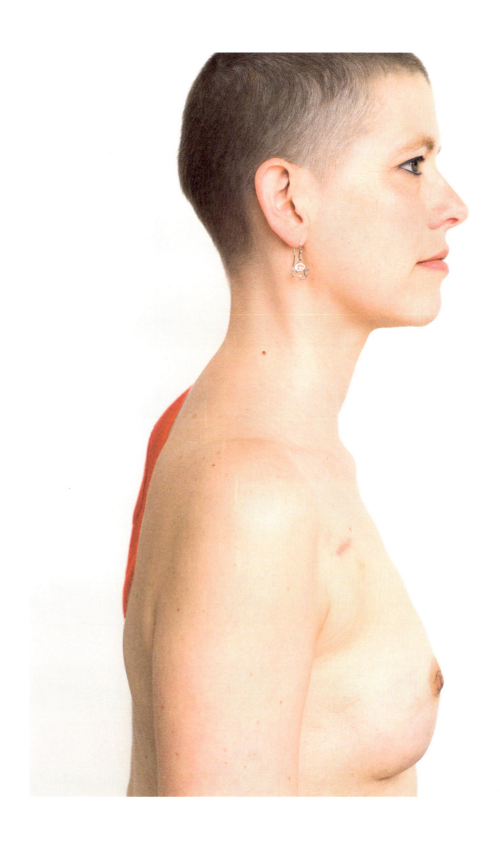

06.04.2012
Das Haar wird immer dichter.
Dieser Flaum ist kuschelig weich.
Basti streichelt mir ständig den Kopf.

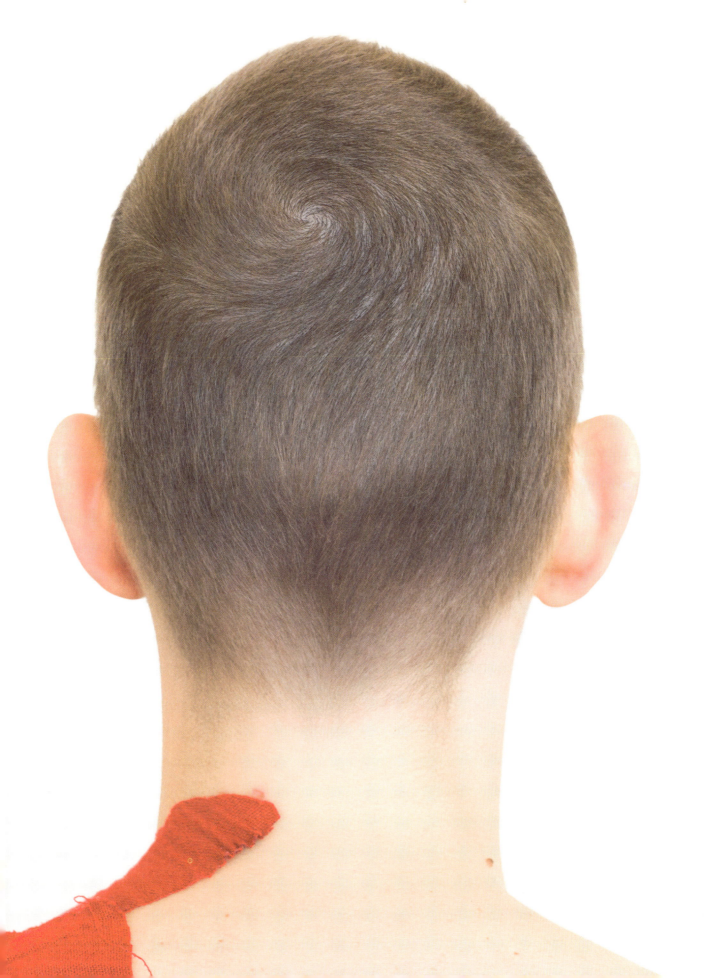

15.04.2012

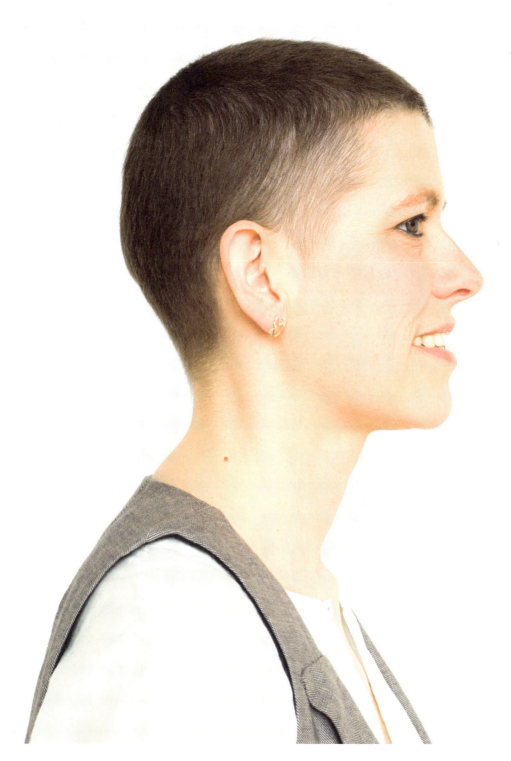

Jetzt gehe ich auch in Lübeck wieder ohne Mütze aus dem Haus.

17.04.2012
Meinem Baum sind Blätter gewachsen.

30.05.2012
Basti und ich besuchen meine Mutter zum ersten Mal in ihrem neuen Zuhause in Pérols in Frankreich. Im Garten gibt es einen Pool.

05.06.2012
Der Urlaub in Pérols
ist zu Ende.
Wir fahren mit
dem Autozug
nach Hamburg.

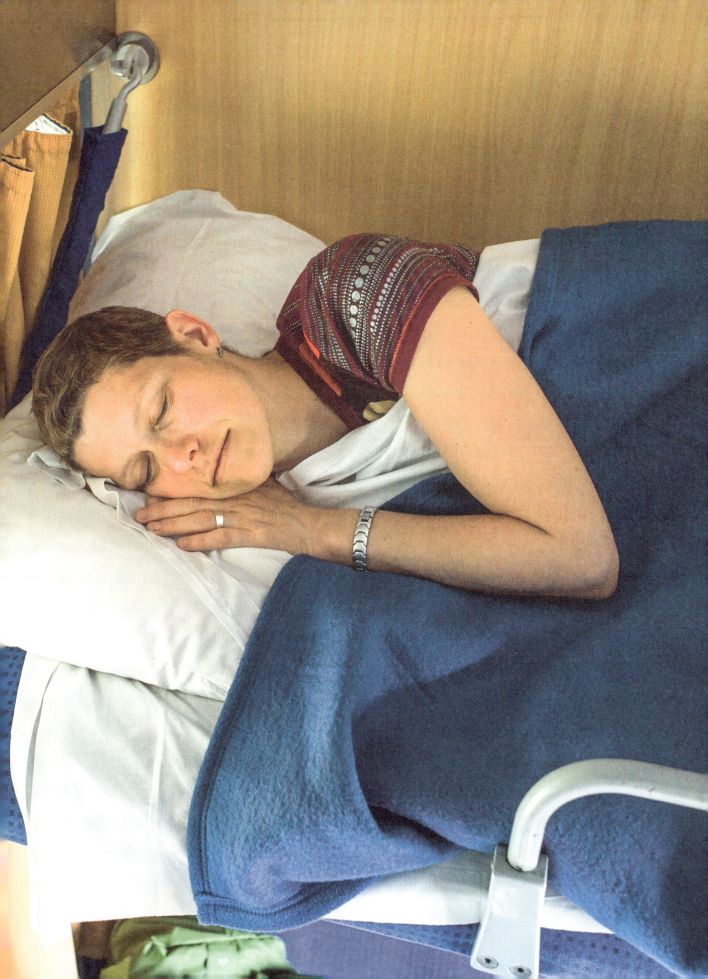

03.07.2012

Heute war ich zum zweiten Mal beim Frisör. Ich wollte das Fusselhaar loswerden.

10.08.2012

So einen Lockenkopf hatte ich noch nie. Auch die Haarfarbe ist ganz anders als vorher.

13.09.2012 13.10.2012

19.01.2013 01.03.2013

01.05.2013   27.05.2013

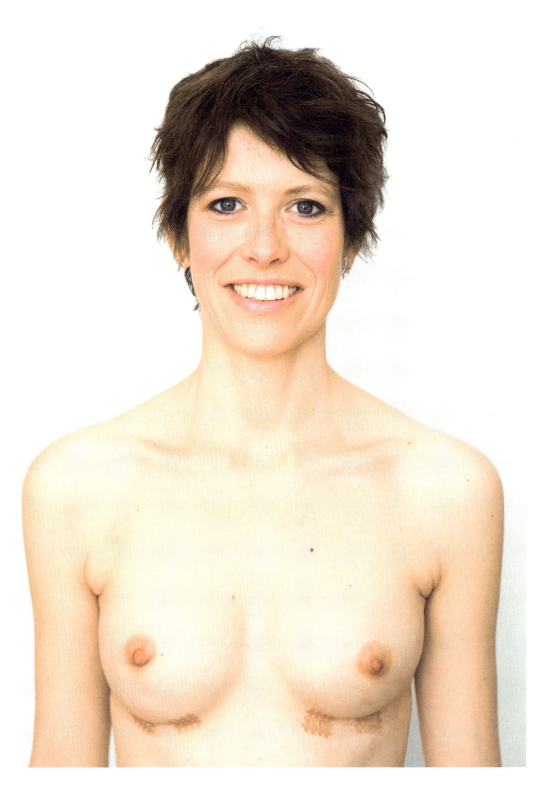

02.07.2013 Regelmäßig mache ich mir Cross Tapes auf die Narben, damit sie nicht verhärten.

03.08.2013 Mit der Zeit bekommt mein Haar wieder seine alte Struktur.

04.09.2013

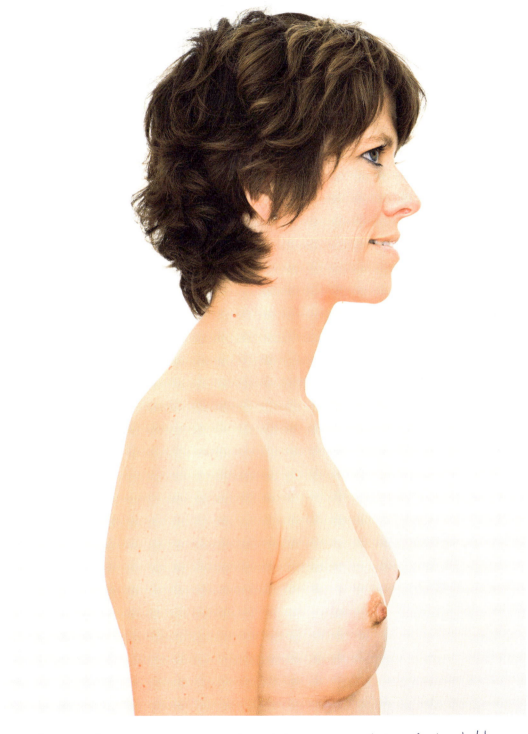

Am 4. September 2011 habe ich den Knoten in meiner linken Brust getastet.

30.09.2013

Nach genau zwei Jahren beende ich nun mein Projekt. Wenn ich mich auf den Fotos anschaue, komme ich mir manchmal sehr fremd vor. Vor allem in der Zeit nach der Chemotherapie, als sich Struktur und Farbe der Haare ständig verändert haben. Heute ist alles wieder normal.

Tagebuch

Von Anfang an war mir wichtig, dass meine Dokumentation so vollständig ist wie möglich. Aus diesem Grund habe ich neben meinen Tagebuchaufzeichnungen auch alle verabreichten Medikamente notiert. Im folgenden Tagebuchteil sind sie den jeweiligen Einträgen vorangestellt. Habe ich nichts notiert, aber Medikamente genommen, findet sich am entsprechenden Datum nur diese Listung. Fachbegriffe, Orte und Personen erkläre ich in kurzen Anmerkungen.

Mein grünes Notizbuch für die Nebenwirkungen der Chemotherapie, meine beiden roten Tagebücher und der Stift, mit dem ich alles aufgeschrieben habe

12.09.2011
Scandicain 1%, 5 ml

15.09.2011
Gastrografin, 30 ml, verdünnt mit einem Liter Wasser
Imeron 300, 100 ml

16.09.2011
Orgalutran, 0,25 mg, morgens
Letrozol, 5 mg
Gonal F, 300 IE, abends

17.09.2011
Orgalutran, 0,25 mg, morgens
Letrozol, 5 mg
Gonal F, 300 IE, abends

18.09.2011
Orgalutran, 0,25 mg, morgens
Letrozol, 5 mg
Gonal F, 300 IE, abends

19.09.2011
Orgalutran, 0,25 mg, morgens
Letrozol, 5 mg
Gonal F, 300 IE, abends

20.09.2011
Orgalutran, 0,25 mg, morgens
Letrozol, 5 mg
Gonal F, 300 IE, abends
Imeron 300, 100 ml
18F-NaF, 315 MBq

21.09.2011
Orgalutran, 0,25 mg, morgens
Letrozol, 5 mg
Gonal F, 300 IE, abends
Gadovist, 5,3 ml
99m Tc-Nanocoll, 194 MBq
Tranxilium, 10 mg

22.09.2011
Orgalutran, 0,25 mg, morgens
Letrozol, 5 mg
Gonal F, 300 IE, abends
Dormicum, 7,5 mg
Propofol, 130 mg
Sufenta, 30 µg
Propofol Perfusor, 150-280 mg/h
Tramal, 400 mg
Novalgin, 3 g auf 36 ml NaCl 0,9%, 0-6 ml/h
Sterofundin Infusion, 500 ml
Normofundin, 120 ml/h
Novalgin, 1 g
Kevatril, 1 mg
Fortecortin, 4 mg
Cefuroxin, 1,5 g
Perfalgan, 4-mal 1 g
Fragmin P Forte, 5.000 IE

23.09.2011
Orgalutran, 0,25 mg, morgens
Letrozol, 5 mg
Gonal F, 300 IE, abends
Scandicain, 30 ml
Novalgin, 20 Tropfen

24.09.2011
Orgalutran, 0,25 mg, morgens
Letrozol, 5 mg
Gonal F, 300 IE, abends

25.09.2011
Orgalutran, 0,25 mg, morgens
Letrozol, 5 mg
Gonal F, 300 IE, abends

26.09.2011
Orgalutran, 0,25 mg, morgens
Decapeptyl, 2 x 0,1 mg, gegen 22 Uhr

28.09.2011
Propofol, 150 mg
Sufenta, 30 µg
Zoladex, 3,6 mg

»Le Sac magique no. 1«, ein kleiner Papierbeutel mit Überraschungen, den meine Freundin Kati mir für die erste Chemo geschenkt hat

29.09.2011

Dexamethason, 20 mg
Kevatril, 1 mg
Tavegil, 2 mg
Zantic, 50 mg
Uromitexan, 200 mg
Emend, 125 mg
TAC
(Docetaxel, 117,66 mg,
Doxorubicinhydrochlorid,
81,17 mg,
Cyclophosphamid,
804,34 mg)
Uromitexan, 400 mg,
jeweils zwei und
vier Stunden nach der
Chemotherapie

Nun bin ich im Chemopavillon. Die Infusion läuft. Alles halb so wild. Meine Blutwerte sind gut, die Lunge ist unauffällig. Mein Herz, sagt Frau Lüdders, sei auch in Ordnung, nur sehr aufgeregt. Also doch. Im Kopf fühlte ich mich vorher eigentlich ruhig und letzte Nacht habe ich erst auch ganz gut geschlafen. Aber gegen drei Uhr wurde ich wach und konnte eine ganze Weile nicht mehr einschlafen.

Gestern Abend hat Kati mir eine Überraschung vorbeigebracht, damit ich den heutigen Tag ein bisschen besser überstehe: »Le Sac magique no. 1«. Da waren Sachen zum Zeitvertreiben und zum Knabbern drin: Buntstifte, Bilder zum Ausmalen, ein Apfel, ein Hanuta, zwei Balisto und eine Capri-Sonne.

Der Chemopavillon ist die Chemotherapie-Ambulanz am Universitätsklinikum Schleswig-Holstein (UKSH) Campus Lübeck.
Frau Lüdders ist Priv.-Doz. Dr. Dörte Lüdders. Sie ist Oberärztin und leitete während meiner Therapie den Chemopavillon.
Kati ist eine gute Freundin. Ihre Mutter ist ein Jahr vor meiner Diagnose an Eierstockkrebs erkrankt, ein paar Wochen nach meiner Diagnose wurden Lebermetastasen festgestellt.

30.09.2011

Emend, 80 mg, morgens
Dexamethason, 4 mg, jeweils morgens und abends
Neulasta, 6 mg, gegen 17 Uhr

Heute ist der erste Tag nach der Chemo, genauer: der zweite Tag des ersten Chemozyklus. Ich habe einen etwas trockenen Mund, aber sonst spüre ich keine Nebenwirkungen. Alles läuft bestens.

Am Mittag habe ich mich ein bisschen hingelegt.

Später habe ich Marcell gefragt, wo ich eine gute Perücke herbekomme. Er riet mir, die Maskenbildnerin vom Lübecker Theater zu fragen. Das habe ich gleich gemacht und sie nannte mir eine Perückenmacherin in Hamburg. Ich habe sie noch nicht erreicht. Vielleicht klappt es morgen.

Ich habe die ersten Selbstporträts aufgenommen. Mit Basti beim Spritzen von Neulasta und vom Mützenprobieren. Margrit hat mir nämlich eine ganze Kiste voller Mützen gebracht. Drei bis vier gehören zu meinen Favoriten.

Am Abend haben wir lecker gegessen und Wein getrunken. Mein Appetit ist riesig, mein Geschmack absolut in Ordnung.

Marcell ist Frisör. Ich wohnte bis Anfang 2013 zwei Häuser neben seiner Wohnung und seinem Salon.
Basti ist mein Freund. Er ist Internist am UKSH Campus Lübeck und kennt viele der Ärzte, die mich behandelt haben.
Neulasta enthält den Wirkstoff Pegfilgrastim. Es wird bei einem chemobedingten Abfall der weißen Blutkörperchen eingesetzt und unter die Haut gespritzt.
Margrit ist Modedesignerin und eine frühere Nachbarin.

01.10.2011

Emend, 80 mg, morgens
Dexamethason, 4 mg, jeweils morgens und abends

02.10.2011

Dexamethason, 4 mg, morgens

03.10.2011

Ciprofloxacin, 250 mg, jeweils morgens und abends

04.10.2011

Ciprofloxacin, 250 mg, jeweils morgens und abends

05.10.2011

Ciprofloxacin, 250 mg, jeweils morgens und abends

06.10.2011

Ciprofloxacin, 250 mg, jeweils morgens und abends

07.10.2011

Ciprofloxacin, 250 mg, jeweils morgens und abends

08.10.2011

Ciprofloxacin, 250 mg,
jeweils morgens
und abends

Das Tagebuch wurde vernachlässigt. Letzte Woche war so viel los. Ich bin einfach nicht zum Schreiben gekommen. Korbi war da und so hatten wir mit Titi ein volles Haus.

Am ersten Oktoberwochenende war traumhaft schönes Wetter. Am Samstag waren wir zu viert in Scharbeutz am Strand. Dort war ein Betrieb wie im Hochsommer. Die Jungs waren sogar kurz schwimmen. Am Sonntag bin ich mit Titi in die Heide gefahren. Am nächsten Tag wollte ich mit ihr nach München fahren. Also mussten Basti und ich uns darauf einstellen, dass ich eine Woche später eventuell ohne Haare wiederkomme. Ein seltsamer Gedanke. Aber wenn es so weitergeht, sind sie nächste Woche vielleicht doch noch dran. Dann kann ich meine Haar-Aktion mit Basti machen.

Am Montagmorgen hat Basti uns zum Bahnhof gefahren. Meine Perücke hatte ich eingepackt. Wir waren etwas zu früh dort. So konnten Basti und ich uns auf dem Bahnsteig noch eine Weile umarmen. Erst hatte ich ein bisschen Angst, dass vielleicht doch eine Träne läuft, aber das war nicht der Fall. Im Zug nach München habe ich quasi durchgehend geschlafen. Schlafen kann ich zurzeit echt gut.

Gestern Abend habe ich mich mit Lisa getroffen. Es war schön, sie wiederzusehen. Wir waren in einer Kneipe mit lauter Musik und haben brav Spezi getrunken. Wein schmeckt mir in den letzten Tagen nicht mehr. Meine Zunge fühlt sich etwas komisch an, so als hätte ich eine unreife Kiwi gegessen. Es ist aber nicht weiter schlimm. Überhaupt kann ich mich bezüglich der Nebenwirkungen nicht beschweren: Nur mein Mund ist trocken und ich bin müde. Damit komme ich gut zurecht. Viel trinken und ab und zu ein Nickerchen machen und schon geht es weiter.

Gestern gab es auch die ersten Ergebnisse des Blutbildes für den achten Tag des ersten Chemozyklus: Alles ist gut. Ich fühle mich ja auch gut.

Heute Mittag gehe ich mit Titi und Hassiba zur »Pupille«, dem Optiker am Gärtnerplatz. Wenn demnächst die Augenbrauen ausgehen, hätte ich gerne eine auffälligere Brille als meine jetzige rahmenlose. Es soll ja nicht jeder gleich sehen, dass ich brauenlos bin.

Hassiba hat mir schon zwei bis drei Methoden gezeigt, wie ich ein Tuch um den Kopf wickeln kann. Tante Maria hat die ersten zwei Mützen gehäkelt, Titi die ersten warmen Wollmützen gestrickt.

Fazit: Ich bin soweit gut vorbereitet. Nur die Haare fallen nicht aus. Vorhin habe ich deswegen Frau Lüdders angerufen. Sie meinte, die Haare fallen meistens um den zehnten Tag des ersten Chemozyklus aus. Das ist heute. Und sie meinte auch, dass ich es davor schon merken würde, beim Haarewaschen zum Beispiel und beim Bürsten. Ich bürste meine Haare nicht, aber ich fahre immer mal wieder mit den Händen durch. Bis jetzt tut sich nichts.

Korbi ist Bastis Bruder. Er lebt in München.
Titi ist meine Mutter. Ihr richtiger Name ist Martine. 2011 wohnte sie noch in München, im November 2012 ist sie wieder in ihre Heimat Frankreich zurückgekehrt und lebt jetzt in Pérols. Sie hatte 2008 selbst Brustkrebs.
Haar-Aktion: Zu dem Zeitpunkt hatte ich noch keine konkrete Vorstellung davon, was ich mache, wenn die Haarwurzeln beginnen, sich zu lösen. Ich wollte die Situation aber auf jeden Fall selbst bestimmen und irgendetwas Lustiges daraus machen, bunt färben oder einen Irokesen schneiden.
Lisa ist eine gute Schulfreundin.
Blutbild: Durch die Chemotherapie kann sich das Blut verändern. Da diese Veränderungen üblicherweise am stärksten zwischen dem siebten und dem neunten Tag nach einer Chemo auftreten, werden zu diesem Zeitpunkt die Werte kontrolliert, ein sogenanntes Blutbild gemacht.
Hassiba ist eine Arbeitskollegin meiner Mutter und eine gute Freundin.
Tante Maria ist eine von drei Schwestern meines Vaters. Zu ihr hatte ich während der ganzen Behandlung viel Kontakt. Sie hat mir eine ganze Kollektion von Mützen gehäkelt.

Meine Tante Maria hat viele Mützen für mich gehäkelt. Ich mochte sie viel lieber als meine Perücke und habe sie auch nachts immer getragen.

Mein Schminktäschchen, das meine Freundin Hassiba mir geschenkt hat

09.10.2011

Ciprofloxacin, 250 mg,
jeweils morgens
und abends

Gestern waren Titi, Hassiba und ich in der Stadt. Erst haben wir nach Brillen geschaut. Zwei durfte ich zum Probieren mit nach Hause nehmen: Die eine ist taupefarben und aus Plastik, die andere ist lila und aus Metall. Nachher mache ich ein paar Fotos, um sie Basti und der Familie zu schicken. Mal schauen, für welche ich mich entscheide.

Danach sind wir zu »Beck« gegangen, um Schminke zu kaufen. Damit kennt Hassiba sich bestens aus. Sie hatte sich auch schon erkundigt, welche Firma die besten Wimpern zum Aufkleben herstellt. Eine Kosmetikerin hat mich dann geschminkt. Ich habe ihr erklärt, dass ich Brustkrebs habe und mit einer Chemotherapie behandelt werde. Sie meinte, dass im Verlauf der Behandlung Gesicht und Lippen häufig blasser werden, die Haut um die Augen hingegen dunkler. Eine Freundin von ihr macht gerade das Gleiche durch.

Sie hat mir empfohlen, am Anfang eine getönte Creme aufzutragen und dann einen Puder. Danach einen Concealer um die Augen, Lidschatten, Kajal und dann etwas Rouge auf die Wangen. Hassiba hat mir am Ende alle Sachen geschenkt. Ich hatte keine Ahnung, was das kostet. Das ist völlig irre! Auf jeden Fall bin ich jetzt bestens ausgerüstet.

Später sind wir essen gegangen. Mein Appetit war riesig.

Auch diese Schminkutensilien hat Hassiba für mich gekauft.

Um nichts zu vergessen, habe ich
mir Hassibas Schminktipps notiert.

in Hassiba-Spickzettel zum Schminken:

1. eine haselnussgroße Menge YOU REBEL + THAT GAL, etwa 4-mal drehen
2. Puder HELLO FLAWLESS mit dem großen Pinsel (auch mal mit dem Schwämmchen probieren)
3. Augen mit STAY DON'T STRAY einschmieren
4. kleine Tüpferchen HIGHBROW unter die Augenbrauen
5. Lidschatten VELVET EYE SHADOW mit dem Pinsel von außen nach innen ziehen.
6. grauer Kajal BAD GIRL LINER
7. Für die Augenbrauen BROWZINGS erst das dunkle Wachs, dann Puder auftragen
8. Mascara
9. Rouge SUGARBOMB
10. und zum Schluss den Lippenstift LADY's CHOICE

Diesen Glücksbringer hat mein Bruder Pascal für mich auf der Wiesn geschossen.

10.10.2011

Ciprofloxacin, 250 mg,
jeweils morgens
und abends

Ich sitze im Zug und fahre zurück nach Lübeck. Meine Gedanken laufen oft ins Leere. Ich freue mich sehr, Basti zu sehen. Zehn Tage werden wir nur für uns sein. Sogar ein gemeinsames Wochenende haben wir.

Ich hoffe, es geht ihm gut und er macht sich nicht zu viele Sorgen um mich. Ich selbst mache mir wenig Gedanken. Vielleicht ändert sich das auch noch. Bis jetzt fühlt es sich nur an wie eine Erkältung. Wenn ich das ausblende, was mich beunruhigt, geht es mir gut. Vielleicht gelingt mir das auch weiterhin.

Wenn ich zu Hause ankomme, erwarten mich wahrscheinlich mehrere Päckchen. Tante Maria wollte mir die letzten gehäkelten Mützen schicken. Und Titi hatte mir eine Überraschung angekündigt. Überhaupt werde ich von allen Seiten beschenkt. Die Leute denken an mich und wollen mir eine Freude machen.

11.10.2011

Ciprofloxacin, 250 mg,
jeweils morgens
und abends

Vor zwei Stunden habe ich an einer Haarsträhne gezogen und hatte ein Haar in der Hand. Eben bin ich mir noch mal durch die Haare gegangen. Wieder ein Haar raus. Sie werden wohl nicht mehr lange halten. Ich weiß nicht, ob ich traurig bin. Vielleicht habe ich doch Angst. Auf der anderen Seite sage ich mir: ein Mal eine Glatze! Das hätte ich mich sonst nie getraut. Eigentlich freue ich mich auf die Haare-weg-Aktion. Aber wenn sie erst mal ab sind, gibt es kein Zurück mehr, dann muss ich warten, bis der Frühling kommt.

Wenn wir in einer Stadt wie Hamburg oder München wohnen würden, wäre alles anonymer. Ich würde niemandem weiter auffallen. Aber hier in Lübeck ist es etwas anders. Hier werde ich ab jetzt immer mit Mütze, Tuch oder Perücke rumlaufen.

Aber wann mache ich die Aktion? Morgen schon? Eigentlich wäre es für die Fotos bei Tageslicht am besten. Aber Basti hätte ich auch gerne dabei. Vielleicht kann er sich morgen etwas Zeit nehmen.

12.10.2011

Ciprofloxacin, 250 mg,
jeweils morgens
und abends

14.10.2011

Ich habe eben mit Soph geskypt und mir dabei eine Haarsträhne rausgezogen. Es war gar nicht schwer. Bald habe ich eine Glatze.

Soph kommt mich in der ersten Novemberwoche besuchen. Ich habe sie gebeten, die Schminkfarben mitzubringen, mit denen sie Kinder im Zirkus anmalt. Ich hätte gerne, dass sie auf meinen Hinterkopf ein Gesicht malt, das ich dann als Porträt fotografiere. Ich glaube, wir werden eine schöne Zeit zusammen haben und die Fotos werden sicher besonders.

15.10.2011

Heute ist es so weit: Die Haare müssen weg.

Ich bin sehr gespannt. Gestern sind einige ausgefallen. Nachmittags war ich mit Ilka eine Runde Nordic Walken, zum ersten Mal überhaupt. Um sicherzugehen, dass dabei nicht zu viele Haare ausfallen, habe ich mir eine von Tante Marias Baumwollmützen aufgesetzt. Ich habe sie auch über Nacht getragen, damit es weniger Reibung mit dem Kissen gibt und heute Morgen so viele Haare wie möglich dran sind.

Soph ist eine Cousine mütterlicherseits.
Ilka ist eine gute Freundin und Physiotherapeutin. Nach der OP im Februar 2012 hat sie mich oft behandelt.

Der Versuch, meine ausgerissenen Haare wieder in Form zu bringen

17.10.2011

Seit zwei Tagen sind die Haare weg. Bis auf ein paar Strubbel, die ich nicht rausreißen konnte, weil die Haarwurzeln noch zu fest verankert waren. Die wurden dann abrasiert, und davon schauen jetzt die letzten Millimeter raus. Wenn ich mit der Hand über den Kopf gehe, fühlt es sich unangenehm an.

Für das Fotografieren habe ich erst das Stativ samt Kamera aufgebaut und an die gegenüberliegende Wand einen großen Spiegel gelehnt, um sehen zu können, was passiert. Damit stand technisch alles bereit. Basti hat sich hinter die Kamera gesetzt und dann habe ich die Mütze abgenommen. Zum Glück waren die Haare noch auf dem Kopf, nur ganz schön platt gedrückt. Ich habe sie nicht noch extra frisiert. Ich war mir nicht sicher, ob sie dadurch vielleicht gleich abfallen.

Stattdessen habe ich mir nach und nach immer eine Handvoll Haare vom Kopf gezogen. Das war echt beeindruckend. Die meisten Haare sind einfach so rausgegangen, ohne Schmerzen. Nur an einigen Stellen waren sie noch sehr fest verankert. Da habe ich ab und zu eine Grimasse geschnitten, weil es ganz schön weh tat. Zwischendurch wollte Basti auch mal ziehen. Das durfte er natürlich.

Erst heute Abend hat Basti erzählt, dass ihm die Aktion sehr nahegegangen und sein Limit nach den zwei Stunden eigentlich überschritten gewesen sei. Während der Aktion ist mir nicht aufgefallen, dass es ihm nicht so gut ging. Ich habe viel gelacht und war auch wirklich beeindruckt, wie das Ganze ablief. Zu Anfang meinte ich: »Das ist ja geil!« Basti reagierte mit: »Geil ist was anderes.« Bei dieser Bemerkung hätte ich schon mal stutzig werden können.

Ich bewahre die Haare in einem Gefrierbeutel auf.

20.10.2011

Dexamethason, 20 mg
Kevatril, 1 mg
Tavegil, 2 mg
Zantic, 50 mg
Uromitexan, 200 mg
Emend, 125 mg
TAC
(Docetaxel, 122,13 mg,
Doxorubicinhydrochlorid,
80,38 mg,
Cyclophosphamid,
804,5 mg)
Uromitexan, 400 mg,
jeweils zwei und
vier Stunden nach der
Chemotherapie

Ich bin wieder im Chemopavillon. Der zweite Chemozyklus beginnt.

Noch bekomme ich nur Kortison. Davon kriege ich bestimmt gleich Hunger.

Frau Lüdders hat mir Blut entnommen. Anscheinend sind die Werte nicht sonderlich gut. Am achten Tag des ersten Chemozyklus, an dem wie immer ein Blutbild gemacht worden ist, waren sie noch sehr viel besser. Ich soll also etwas vorsichtig sein, mir aber auch nicht zu viele Gedanken machen. Aber worauf soll ich achten?

Kortison wird vor einer Chemotherapie zur Verminderung der Übelkeit gegeben und verringert außerdem das Risiko einer allergischen Reaktion auf eine Chemotherapie.

21.10.2011

Emend, 80 mg, morgens
Dexamethason, 4 mg,
jeweils morgens
und abends
Neulasta, 6 mg,
gegen 17 Uhr

22.10.2011

Emend, 80 mg, morgens
Dexamethason, 4 mg,
jeweils morgens
und abends

23.10.2011

Dexamethason, 4 mg,
morgens

24.10.2011

Ciprofloxacin, 250 mg,
jeweils morgens
und abends

25.10.2011

Ciprofloxacin, 250 mg,
jeweils morgens
und abends

26.10.2011

Ciprofloxacin, 250 mg,
jeweils morgens
und abends

27.10.2011

Ciprofloxacin, 250 mg,
jeweils morgens
und abends
Mecain 1%, 2 ml
Zoladex, 3,6 mg

28.10.2011

Ciprofloxacin, 250 mg,
jeweils morgens
und abends

Letzten Freitag, am zweiten Tag des zweiten Chemozyklus, habe ich die Brust zum ersten Mal wieder selbst abgetastet. Bis dahin habe ich mich das nicht getraut. Ich wusste nicht, ob ich einschätzen kann, ob der Knoten trotz Chemotherapie weiterhin wächst oder schrumpft. Davon abgesehen war ich überzeugt, dass Frau Fischer die Entwicklung des Tumors im Ultraschall viel besser beurteilen kann als ich. Ein Ultraschalltermin ist so oder so alle zwei Zyklen geplant.

Ich konnte keinen Knoten finden. Da, wo er noch vor einem Monat war, war er nicht mehr. Die Murmel ist weg. Die Chemo schlägt an. Erst konnte ich es gar nicht fassen und habe die Brust zig Mal abgetastet. Dann auch die andere. Ich war völlig irritiert, habe sogar in meiner Patientenakte nachgeschaut, welche Brust eigentlich betroffen ist. Da stand, die linke Brust. Und was ist jetzt links? Mein Links oder das des Arztes?

Erst habe ich es Titi erzählt, die im Wohnzimmer saß und mir eine Mütze strickte. Es ist wirklich toll, eine Mama im Hause zu haben, jetzt wo ich nicht ganz auf Vordermann bin. Dann habe ich Basti angerufen. Er hat sich auch total gefreut. Wegen meiner schlechten Blutwerte war er letzte Woche ganz schön besorgt. Ich wollte auch gleich Frau Fischer Bescheid geben, aber sie ist für zwei Wochen im Urlaub. Frau Lüdders war auch nicht mehr im Chemopavillon, aber die Schwester am Empfang hat sich sehr mit mir gefreut. Die Mitarbeiter vom Chemopavillon-Team sind echte Engel.

Später ist Meini noch vorbeigekommen und hat mir die Neulasta-Spritze gegeben, weil Basti auf einem Kongress war. Das hat wieder ein bisschen weh getan. Abends war ich dann ganz schön erschöpft und bin früh ins Bett gegangen.

Nach der zweiten Chemo vor einer Woche habe ich ziemlich unruhig geschlafen, bin nachts oft schweißgebadet aufgewacht. Trotzdem war ich morgens immer sehr früh wach. Ich habe mich vormittags deshalb meistens noch einmal hingelegt, bevor ich zum Markt oder einfach an die frische Luft gegangen bin. Die Sonne hat die letzten Tage geschienen, der Himmel war strahlend blau und die Temperaturen passten zum Oktober.

Ich fühle mich zwar erschöpft, aber eigentlich bin ich gut drauf, nicht unglücklich.

Am Dienstag hatte Basti Geburtstag. Irene hatte einen leckeren Schokokuchen geschickt. Abends waren wir mit Freunden essen. Als wir im Restaurant ankamen, wusste ich nicht, was ich mit Titis warmer Wollmütze machen soll. Wenn ich die Wohnung verlasse, ziehe ich sie immer über Tante Marias kuschlige Baumwollmütze. Die habe ich Tag und Nacht auf. Die Perücke habe ich noch nicht getragen. Ich wollte nicht, dass die anderen Gäste sich fragen, warum ich zwei Mützen aufhabe. Ich bin also kurz aufs Klo und habe sie dort abgenommen. Das war mir etwas unangenehm, aber wahrscheinlich ist es niemandem aufgefallen. Obwohl die Wärme in dem Restaurant für meinen Kreislauf nicht toll war und ich immer wieder Hitzewallungen bekam, war ich insgesamt erstaunlich fit. Basti und ich waren erst um halb zwölf zu Hause. Und das eine Woche nach der letzten Chemo.

In der Nacht von Mittwoch auf Donnerstag habe ich geträumt, dass die anstehenden Blutwerte schlecht ausgefallen seien. Ich bin schwitzend und total besorgt aufgewacht. Damals, in der Nacht vor dem Krebsbefund, hatte ich auch von Untersuchungsergebnissen geträumt. In diesem älteren Traum hatte Frau Fischer eine schlechte Nachricht für mich. Im Gegensatz zu dem Traum von vorgestern bin ich in jenem aber ganz ruhig geblieben und dachte nur: »Dann wird es eben mit Medikamenten geheilt.« Ich bin nicht ein Mal aufgewacht. Alles war friedlich.

Zum Glück waren die Ergebnisse gestern dann doch ganz gut. Ich habe mich total gefreut. Basti, der gestern nach Barcelona geflogen ist, auch. Titi ist wegen ihrer Arbeit am Sonntag zurück nach München gefahren. Jetzt ist Pascal bei mir und wir machen uns ein paar schöne Tage. Ich soll ja nicht alleine zu Hause sein.

Frau Fischer ist Prof. Dr. Dorothea Fischer. Als ich meine Diagnose bekam, hat sie das Brustzentrum am UKSH Campus Lübeck geleitet. Heute ist sie leitende Chefärztin der Frauenklinik vom Ernst von Bergmann Klinikum in Potsdam.
Meini ist ein Freund von Basti. Er ist auch Internist am UKSH Campus Lübeck.

Irene ist Bastis Mutter. Sie lebt bei Passau.
Pascal ist mein zweieinhalb Jahre jüngerer Bruder. Er lebt in München.

Vom 23. September 2011 bis zum 4. März 2014 hatte ich diesen Port in meinem Körper. Ich war froh, als er entfernt wurde.

29.10.2011

Ciprofloxacin, 250 mg,
jeweils morgens
und abends

31.10.2011

Ciprofloxacin, 250 mg,
jeweils morgens
und abends
Scandicain 1%, 5 ml

Heute Mittag war ich für einen Ultraschall bei Frau Fischer. Der Tumor ist jetzt vier mal acht Millimeter groß. Mitte September waren es noch zehn mal fünfzehn Millimeter. Er ist also ordentlich geschrumpft. Wie es sich gehört. Allerdings ist Frau Fischer eine andere Stelle aufgefallen. Normalerweise würde sie diese Stelle nicht stanzen, aber »im Fall Natalie Kriwy« möchte sie lieber auf Nummer sicher gehen. Das ist ganz in meinem Sinn.

Frau Fischer wollte dann die Markierung des Tumors vornehmen und im gleichen Zuge die zweite Stelle stanzen. Jetzt, gleich, sofort. Ich dachte, dafür gebe es einen richtigen OP-Termin. Aber nichts da. Es läuft wie beim Stanzen, nur wird kein Gewebe entnommen, sondern ein Stückchen Metall abgelegt. Frau Fischer hat es ganz sanft gemacht. Ich spürte nur den Piks der lokalen Betäubung. Danach tat nichts mehr weh. Da war die Betäubung für den Port etwas ganz anderes.

Nachdem Frau Fischer den Weg zum verdächtigen Knoten betäubt hatte, änderte sich die Konsistenz des Gewebes. Das hat das Stanzen nicht vereinfacht. Die Stelle war im Ultraschall auch nicht mehr so leicht zu finden. Aber am Schluss hat Frau Fischer es doch geschafft. Diese Konsistenzänderung spricht wohl dafür, dass es nichts Böses ist. Genauso wie die Tatsache, dass die Gewebeproben sehr flüssig waren. Nach ihren Erklärungen war ich wieder ganz ruhig. Am Mittwoch kommen die Ergebnisse der Pathologen. Hoffentlich ist alles gut.

01.11.2011

Ciprofloxacin, 250 mg,
jeweils morgens
und abends

02.11.2011

Ciprofloxacin, 250 mg,
jeweils morgens
und abends

Das Stanzen bzw. die Stanzbiopsie ist ein Verfahren zur Gewebegewinnung aus krankheitsverdächtigen Körperregionen. Das entnommene Gewebe wird dann im Labor untersucht. Die Stanzbiopsie wird üblicherweise unter lokaler Betäubung durchgeführt.
Markierung: Eine Chemotherapie soll u. a. dazu dienen, einen Tumor zu verkleinern. Da es passieren kann, dass dieser so klein wird, dass er nicht mehr nachweisbar ist, muss er vor der Operation markiert werden. So kann man den Bereich genau lokalisieren und operativ entfernen.
Port ist die Kurzform von Portkatheter. Er ist ein dauerhafter Zugang zum Blutkreislauf. Ein Port besteht aus einer Kammer mit einer dicken Silikonmembran und einem angeschlossenen Schlauch, der in einem großen, zum Herz führenden Gefäß platziert wird. Die Kammer wird unter die Haut gepflanzt und kann zum Beispiel im Rahmen einer Chemotherapie jeweils angestochen werden, um den Infusionen einen sicheren und dauerhaften Zugang zum Blutkreislauf zu ermöglichen.

»Le Sac magique no. 3« für den dritten Chemozyklus

10. 11. 2011

Dexamethason, 20 mg
Kevatril, 1 mg
Tavegil, 2 mg
Zantic, 50 mg
Uromitexan, 200 mg
Emend, 125 mg
TAC (Docetaxel, 118,94 mg, Doxorubicinhydrochlorid, 79,56 mg, Cyclophosphamid, 798,23 mg)
Uromitexan, 400 mg, jeweils zwei und vier Stunden nach der Chemotherapie

Heute bekomme ich die dritte Chemo. Ich bin ziemlich fertig. Die letzten drei Nächte habe ich schlecht geschlafen. Keine Ahnung warum. Das Wetter war in den letzten Tagen auch seltsam. Dauernebel. Es wurde gar nicht richtig Tag. Morgens habe ich von der Wohnung aus nicht einmal die Marienkirche gesehen.

Es sind schon wieder einige Tage vergangen, seit ich das letzte Mal geschrieben habe. Soph ist am Donnerstag nach Lübeck gekommen. Für die vier Tage, an denen Basti auf einem Kongress in München war. Es war so schön, Zeit mit ihr zu verbringen.

Am Donnerstagnachmittag habe ich Frau Fischers Anruf bekommen: Der zweite Knoten, den sie gestanzt hatte, ist nicht bösartig. Ich bin so erleichtert. Alles ist bestens.

In unserem letzten Gespräch hatte Frau Fischer mir den Gentest noch einmal sehr ans Herz gelegt. In den nächsten Tagen werde ich mich also um einen Termin bei den Humangenetikern kümmern.

Ein Gentest ist ein Verfahren, bei dem die DNA untersucht wird, um Rückschlüsse auf diverse genetische Aspekte des Patienten ziehen zu können. Im Falle von Brustkrebs wird die DNA auf Veränderungen untersucht, die das Risiko, an Brustkrebs zu erkranken, deutlich erhöhen.

11.11.2011

Emend, 80 mg, morgens
Dexamethason, 4 mg,
jeweils morgens
und abends
Neulasta, 6 mg,
gegen 17 Uhr

12.11.2011

Emend, 80 mg, morgens
Dexamethason, 4 mg,
jeweils morgens
und abends

13.11.2011

Dexamethason, 4 mg,
morgens

14.11.2011

Ciprofloxacin, 250 mg,
jeweils morgens
und abends

15.11.2011

Ciprofloxacin, 250 mg,
jeweils morgens
und abends

16.11.2011

Ciprofloxacin, 250 mg,
jeweils morgens
und abends

17.11.2011

Ciprofloxacin, 250 mg,
jeweils morgens
und abends
Moronal Mundspülung

Schon wieder Donnerstag. Eine ganze Woche ist vergangen und ich habe mir nichts aufgeschrieben. Ich bin zu faul, zu müde und sonst was. Die ersten zehn Tage nach der Chemo sind doch recht anstrengend. Ich mache in der Zeit kaum was, hänge nur blöd rum. Teilweise versuche ich mich zu motivieren, aber es ist alles sehr beschränkt.

Gestern Abend ist mir aufgefallen, dass ich im Mund zwei, drei eitrige Stellen habe. Sie tun weh. Scheiße. Ich habe gleich zwei große Tassen Kamillentee getrunken und gegurgelt in der Hoffnung, so die Entzündung zu mildern. Ich befürchtete, dass heute Morgen, wie bei anderen Patienten, der ganze Mund wund sei. Aber zum Glück war es nicht so. Die Stellen sind noch da, tun aber nicht mehr so weh wie gestern. Ich werde sie Frau Steffen nachher zeigen. Heute ist ja der achte Zyklustag, also kontrolliert sie mein Blut. Vielleicht kann sie mir für den Mund etwas empfehlen.

Seit heute Nacht tut mein Beckenbereich weh. Teilweise fühlt es sich an, als würde ich Schläge mit einem Hammer bekommen. Noch ertrage ich es, aber vielleicht werde ich doch irgendwann eine Ibuprofen-Tablette nehmen.

Frau Steffen ist Dr. Kathrin Steffen und war während meiner Therapie Ärztin im Chemopavillon.

18. 11. 2011

Ciprofloxacin, 250 mg,
jeweils morgens
und abends
Moronal Mundspülung

19. 11. 2011

Ciprofloxacin, 250 mg,
jeweils morgens
und abends
Moronal Mundspülung

20. 11. 2011

Ciprofloxacin, 250 mg,
jeweils morgens
und abends
Moronal Mundspülung

21. 11. 2011

Ciprofloxacin, 250 mg,
jeweils morgens
und abends
Moronal Mundspülung

Nach dem vielen Nebel war es heute endlich wieder sonnig. Basti und ich haben nachmittags in Niendorf einen Spaziergang gemacht. Das war richtig schön.

Morgen Vormittag habe ich den Termin bei den Humangenetikern. Es wird bestimmt nicht viel passieren, vielleicht Blut abnehmen und Papierkram, aber irgendwie macht mich das Ganze jetzt doch nervös. Muss die Brust ab oder darf sie dran bleiben? Ich hoffe nur, dass die Eierstöcke nicht auch gleich entfernt werden müssen und ich nicht mehr schwanger werden kann. Das würde ich echt blöd finden. Kinder hätte ich schon gern. Zum Glück kommt Basti mit.

Das mit der Brust macht mich im Moment nicht traurig. Aber wenn es dann so weit ist, finde ich es vielleicht doch blöd. Eine Ersatzbrust hätte ich dann schon gern. Ich frage mich, wie so eine OP abläuft, was alles weggeschnitten wird und was bleibt. Die Haut? Die Brustwarze? Werde ich nach der OP an der Brust noch etwas fühlen?

Viele Fragen, die Frau Fischer mir bestimmt beantworten wird.

22. 11. 2011

Ciprofloxacin, 250 mg,
jeweils morgens
und abends
Moronal Mundspülung

23.11.2011

Ciprofloxacin, 250 mg,
jeweils morgens
und abends
Moronal Mundspülung

Gestern waren wir bei den Humangenetikern. Der zuständige Arzt Dr. Platzer war sehr nett. Der erste Teil des Gesprächs hat ziemlich lang gedauert, etwa eine halbe Stunde. Dr. Platzer hat genau erklärt, was ein solcher Gentest ist. Dann hat er einen vier Generationen umfassenden Stammbaum aufgezeichnet, mit allen Kriwys und allen Gaudans. Zu jeder Person sollte ich eventuelle Krankheiten benennen. Dann sollte ich sagen, wer lebt, wer tot ist und wer woran gestorben ist.

Er erklärte mir auch, dass, wenn der Test positiv ausfalle, üblicherweise die Eltern als Nächste getestet würden, damit man wisse, von welcher Seite die genetische Veranlagung komme. Papa zu testen wird schwierig. Er lebt ja nicht mehr.

Am Ende wollte Dr. Platzer wissen, ob ich den Test machen möchte. Mit dieser Frage hatte ich nicht gerechnet. Aber: Ja klar, ich möchte ihn machen lassen.

Mir wurde also Blut abgenommen und ich muss jetzt vier bis acht Wochen auf die Ergebnisse warten. Dr. Platzer sagte noch, dass es wahrscheinlicher sei, keinen genetischen Defekt zu finden als einen zu finden. Bei meinem Stammbaum liege die Wahrscheinlichkeit für eine Mutation in einem der Gene BRCA1 oder BRCA2 nämlich bei fünfzehn bis zwanzig Prozent. Ich habe gedacht, es sei genau andersherum.

Der Test kostet gute fünftausend Euro, aber er wird von der Krankenkasse übernommen.

Die Kriwys sind meine Familie väterlicherseits, die Gaudans mütterlicherseits.
Papa: Mein Vater, Günter Kriwy, ist 2005 an einem Herzinfarkt gestorben.

24.11.2011

Mecain 1%, 2 ml
Zoladex, 3,6 mg
Moronal Mundspülung

Ich bin in der Uniklinik und warte darauf, dass ein Kardiologe mich aufruft. Die eine Chemosubstanz ist wohl ziemlich aggressiv und kann Spuren am Herzen hinterlassen. Nach dem dritten Chemozyklus schauen sie sich deshalb immer das Herz an.

Ich warte jetzt seit dreißig Minuten und glaube nicht, dass ich bald dran bin. Nun denn. Ich werde jetzt nicht anfangen, mich zu beschweren.

Eben war ich kurz im Chemopavillon. Dort hat mir Frau Steffen die Zoladex-Spritze gegeben, die die Eierstöcke in den Winterschlaf versetzt. So sind sie besser vor der Chemo geschützt. Ich habe Frau Steffen auf die fünfte Chemo angesprochen, die für den 22. Dezember geplant ist. Ich kann sie zwei Tage früher bekommen. Dann habe ich Weihnachten das Gröbste hinter mir.

Inzwischen sind einige Stunden vergangen. Am Herzen ist alles gut. Das ist schon mal eine gute Nachricht. Auch sonst geht es mir gut. Ich bin nur verschnupft. Überhaupt habe ich den Eindruck, dass meine Nase immer mehr verstopft. Deshalb habe ich jetzt zum ersten Mal eine Nasendusche benutzt. Mal sehen, was sie bringt. Meine Blutwerte sind ganz gut.

Zoladex: Der Wirkstoff Zoladex wird Brustkrebspatientinnen verabreicht, die noch nicht in den Wechseljahren sind. Zoladex unterdrückt die Funktion der Eierstöcke.

25.11.2011
Moronal Mundspülung

26.11.2011
Moronal Mundspülung

27.11.2011
Moronal Mundspülung

28.11.2011
Moronal Mundspülung

29.11.2011
Moronal Mundspülung

30.11.2011
Dexamethason, 20 mg
Kevatril, 1 mg
Tavegil, 2 mg
Zantic, 50 mg
Uromitexan, 200 mg
Emend, 125 mg
TAC
(Docetaxel, 119,58 mg,
Doxorubicinhydrochlorid,
81,43 mg,
Cyclophosphamid,
803,1 mg)
Uromitexan, 400 mg,
jeweils zwei und
vier Stunden nach der
Chemotherapie

Ich bin wieder mal im Chemopavillon, zur vierten Chemositzung. Mal sehen, wie es dieses Mal wird. Heute scheint die Sonne endlich wieder. Ich habe meine Leica dabei, um die angehängten Chemobeutel zu fotografieren. Hoffentlich verschlafe ich die Sitzung nicht.

Letztes Mal war Halbzeit. In ein paar Tagen habe ich zwei Drittel der Therapie hinter mir. Ist das nicht toll?!

Ich bin vor jeder Sitzung nervös, denn ich weiß nicht, ob ich die Medikamente weiterhin gut vertrage.

01.12.2011
Emend, 80 mg, morgens
Dexamethason, 4 mg,
jeweils morgens
und abends
Neulasta, 6 mg,
gegen 17 Uhr

02.12.2011
Emend, 80 mg, morgens
Dexamethason, 4 mg,
jeweils morgens
und abends

03.12.2011
Dexamethason, 4 mg,
morgens

04.12.2011
Ciprofloxacin, 250 mg,
jeweils morgens
und abends

05.12.2011
Ciprofloxacin, 250 mg,
jeweils morgens
und abends

06.12.2011
Ciprofloxacin, 250 mg,
jeweils morgens
und abends

07.12.2011
Ciprofloxacin, 250 mg,
jeweils morgens
und abends
Omeprazol, 40 mg

In den »Sac magique no. 4« hatte Kati ein paar Seiten aus einem Buch gesteckt. In der Zeit der Chemo habe ich sehr wenig gelesen. Ich konnte mich nicht gut konzentrieren – Chemodemenz.

08.12.2011

Ciprofloxacin, 250 mg,
jeweils morgens
und abends
Omeprazol, 40 mg

09.12.2011

Ciprofloxacin, 250 mg,
jeweils morgens
und abends
Omeprazol, 40 mg

10.12.2011

Ciprofloxacin, 250 mg,
jeweils morgens
und abends
Omeprazol, 40 mg

11.12.2011

Ciprofloxacin, 250 mg,
jeweils morgens
und abends
Omeprazol, 40 mg

12.12.2011

Ciprofloxacin, 250 mg,
jeweils morgens
und abends
Omeprazol, 40 mg

13.12.2011

Ciprofloxacin, 250 mg,
jeweils morgens
und abends
Omeprazol, 40 mg

Für die fünfte Chemo war »Le Sac magique no. 5« weihnachtlich verziert.

14.12.2011
Ciprofloxacin, 250 mg,
jeweils morgens
und abends
Omeprazol, 40 mg

15.12.2011
Omeprazol, 40 mg

16.12.2011
Omeprazol, 40 mg

17.12.2011
Omeprazol, 40 mg

18.12.2011
Omeprazol, 40 mg

19.12.2011
Omeprazol, 40 mg

20.12.2011
Dexamethason, 20 mg
Kevatril, 1 mg
Tavegil, 2 mg
Zantic, 50 mg
Uromitexan, 200 mg
Emend, 125 mg
TAC
(Docetaxel, 118,11 mg,
Doxorubicinhydrochlorid,
80,85 mg,
Cyclophosphamid,
792,14 mg)
Uromitexan, 400 mg,
jeweils zwei und
vier Stunden nach der
Chemotherapie
Mecain 1%, 2 ml
Zoladex, 10,8 mg

21.12.2011
Emend, 80 mg, morgens
Dexamethason, 4 mg,
jeweils morgens
und abends
Neulasta, 6 mg,
gegen 17 Uhr
Gadovist, 5,5 ml

22.12.2011
Emend, 80 mg, morgens
Dexamethason, 4 mg,
jeweils morgens
und abends

23.12.2011
Dexamethason, 4 mg,
morgens

24.12.2011
Ciprofloxacin, 250 mg,
jeweils morgens
und abends
Omeprazol, 40 mg

25.12.2011
Ciprofloxacin, 250 mg,
jeweils morgens
und abends
Omeprazol, 40 mg

26.12.2011
Ciprofloxacin, 250 mg,
jeweils morgens
und abends
Omeprazol, 40 mg

27.12.2011
Ciprofloxacin, 250mg,
jeweils morgens
und abends
Omeprazol, 40 mg

28.12.2011
Ciprofloxacin, 250 mg,
jeweils morgens
und abends
Omeprazol, 40 mg

29.12.2011
Ciprofloxacin, 250 mg,
jeweils morgens
und abends
Omeprazol, 40 mg

30.12.2011
Ciprofloxacin, 250 mg,
jeweils morgens
und abends
Omeprazol, 40 mg

31.12.2011
Ciprofloxacin, 250 mg,
jeweils morgens
und abends
Omeprazol, 40 mg

01.01.2012
Ciprofloxacin, 250 mg,
jeweils morgens
und abends

02.01.2012
Ciprofloxacin, 250 mg,
jeweils morgens
und abends

Auch diesen Buchauszug habe ich nicht gelesen.
Ich war zu müde.

10. 01. 2012

Dexamethason, 20 mg
Kevatril, 1 mg
Tavegil, 2 mg
Zantic, 50 mg
Uromitexan, 200 mg
Emend, 125 mg
TAC
(Docetaxel, 119,37 mg,
Doxorubicinhydrochlorid,
80,26 mg,
Cyclophosphamid,
799,19 mg)
Uromitexan, 400 mg,
jeweils zwei und
vier Stunden nach
der Chemotherapie

11. 01. 2012

Emend, 80 mg, morgens
Dexamethason, 4 mg,
jeweils morgens
und abends
Neulasta, 6 mg,
gegen 17 Uhr

12. 01. 2012

Emend, 80 mg, morgens
Dexamethason, 4 mg,
jeweils morgens
und abends

13. 01. 2012

Dexamethason, 4 mg,
morgens

14. 01. 2012

Ciprofloxacin, 250 mg,
jeweils morgens
und abends

15. 01. 2012

Ciprofloxacin, 250 mg,
jeweils morgens
und abends

16. 01. 2012

Ciprofloxacin, 250 mg,
jeweils morgens
und abends
Gastrografin, 30 ml,
verdünnt mit einem
Liter Wasser
Imeron 300, 120 ml
99m Tc-HDP, 618 MBq

17. 01. 2012

Ciprofloxacin, 250 mg,
jeweils morgens
und abends

18. 01. 2012

Ciprofloxacin, 250 mg,
jeweils morgens
und abends

19. 01. 2012

Ciprofloxacin, 250 mg,
jeweils morgens
und abends

20. 01. 2012

Ciprofloxacin, 250 mg,
jeweils morgens
und abends

21. 01. 2012

Ciprofloxacin, 250 mg,
jeweils morgens
und abends

22.01.2012

Ciprofloxacin, 250 mg,
jeweils morgens
und abends

Ewig habe ich nichts notiert. In den letzten Wochen war ständig etwas los. Wir hatten fast durchgehend Besuch. Ich habe mir einfach keine Zeit genommen, meine Gedanken aufzuschreiben. Seit Anfang Dezember ist so viel passiert.

Am Mittwoch, dem 30. November, habe ich die vierte Chemo bekommen. Am Morgen darauf ist Basti für eine Woche zu einem Kongress nach Dubai geflogen. Deshalb wollte Titi am Nachmittag kommen. Kurz nachdem Basti die Wohnung verlassen hatte, ist mir im Bad zum ersten Mal übel geworden. Ich hatte plötzlich einen extremen Schweißausbruch. Mein Blutdruck sackte total ab. Ich habe mich auf den Boden gesetzt und den Kopf über die Toilette gehalten. Mir war sehr schlecht, aber ich habe mich dann doch nicht übergeben. Nach einer ganzen Weile konnte ich mich ins Bett schleppen. Ich habe dann fest geschlafen und später ging es mir wieder besser. Titi ist im Laufe des Nachmittags angekommen.

Am Sonntag hat Hassiba uns für ein paar Tage besucht. Außerdem kamen Lisa, Clara und Heidi aus Hannover angereist. Wir haben zusammen Mittag gegessen und im Anschluss Kati getroffen.

Die gesamte Zeit über, in der Hassiba in Lübeck war, fühlte ich mich so erschöpft, dass ich mein Bett oder die Couch kaum verlassen habe. Der vierte Chemozyklus war wirklich der anstrengendste. Die Chemo hat mich richtig fertiggemacht. Ich war ein Nichtsnutz.

Nach der Blutkontrolle am 7. Dezember sind Titi und ich nach München gefahren. Im Zug ist mir wieder schlecht geworden. Ich hatte Panik und mein Blutdruck war nicht gut. Deshalb sind wir in Hannover aus dem Zug raus, um frische Luft zu schnappen. Danach haben wir uns in ein Café gesetzt und ich habe eine Kleinigkeit gegessen. Dann ging es mir wieder besser und wir sind eine Stunde später in den nächsten ICE gestiegen. Pascal hat uns am Hauptbahnhof abgeholt. Er war erkältet und trug einen Mundschutz, damit er mich nicht ansteckt.

Clara ist die Tochter meiner Freundin Lisa.
Heidi ist Lisas Mutter.

Am nächsten Abend kam auch Basti nach München. Mit Julia und Korbi sind wir dann nach Passau gefahren. Am Samstagmittag hat uns Volker zum Essen in ein österreichisches Gasthaus eingeladen. Abends hat er uns dann eine bayrische Adventsgeschichte vorgelesen, die sein Vater ihm als Kind schon vorgelesen hat. Ich habe nicht alles verstanden, aber der Abend war sehr nett.

Zu dem Zeitpunkt war ich allerdings ziemlich fertig. Es war die Phase, in der es mir von allen am wenigsten gut ging, nicht nur physisch, sondern auch psychisch. Es gab so viele Informationen von anderen. Der Rückfall bei Katis Mama, die Diagnose von Silkes Vater. Tagsüber hatte ich meine Gedanken immer gut unter Kontrolle, aber nachts habe ich viel geträumt. Meine Albträume haben mich oft geweckt. Mit der Zeit wurde es wieder besser.

Am 18. Dezember bin ich mit Titi zurück nach Lübeck gefahren. Am Montag darauf war ich zur zweiten Ultraschallkontrolle bei Frau Fischer. Der Knoten war noch nicht ganz weg, aber wieder kleiner geworden. Ich war etwas enttäuscht. Beim letzten Termin hieß es, dass der Knoten bei der nächsten – dieser – Kontrolle vielleicht schon nicht mehr zu sehen sein würde.

Am 20. Dezember gab es die fünfte Chemo. Zum ersten Mal wurde mir während der Infusion schlecht. Als die drei Chemowirkstoffe durch waren, konnte ich kaum stehen. Titi drängte, dass ich zügig nach Hause komme und etwas esse. Danach bin ich ins Bett gefallen.

Am nächsten Tag kam der Brief von Dr. Platzer. Das humangenetische Ergebnis sei da und ich solle einen Termin vereinbaren. Ich habe Basti angerufen, weil ich nicht wusste, ob ich es vor oder nach Weihnachten haben wollte. Unsere gemeinsame Entscheidung: vor Weihnachten. Während wir noch telefonierten, bekam ich plötzlich Sehstörungen und Basti stellte mir sofort jede Menge Fragen. Zuerst habe ich eine kleine Blase gesehen, die immer größer wurde. Sie sah aus wie eine Comic-Sprechblase. Der Rand verlief gezickzackt und alles, was ich in der Sprech-

Julia ist die Schwester von Basti und Korbi.
Volker ist Bastis Vater. Er lebt in der Nähe von Passau, auf der österreichischen Seite.
Silke ist eine Freundin. Kurz nachdem ich meine Diagnose bekommen habe, wurde bei ihrem Vater ein Hirntumor festgestellt.

blase sah, war unscharf. Beide Augen haben unabhängig voneinander das Gleiche gesehen. Basti hat Frau Fischer und Frau Lüdders angefunkt und ich musste sofort in die Klinik kommen. Erst hieß es, ich solle zum Chemopavillon fahren, im Taxi bekam ich einen weiteren Anruf: ab in die Notaufnahme. An dem Tag hatte Alex dort Dienst. Wie viele hatte auch er nicht gewusst, dass ich krank bin. Es kam noch ein Neurologe hinzu. Ein MRT wurde gemacht. Basti saß mit mir im Untersuchungsraum und hat mir während des MRT die Füße gekrault. Wenig später kam auch das Ergebnis. Alles ist in Ordnung. Kein Tumor im Kopf.

Aber es ging noch weiter. Am 22. Dezember hatte ich den Termin bei Dr. Platzer. Schon als wir hingingen, hatte ich ein ungutes Gefühl. Ich war nervös und wollte es schnell hinter mich bringen. Und als wir ins Arztzimmer gingen, war gleich klar, dass es keine gute Nachricht geben würde.

Gen-Defekt Typ BRCA1.

So ein Scheiß. Das hat mich viel mehr runtergezogen, als ich vermutet hatte. Jetzt war klar: Beide Brüste müssen weg. Und was ist mit den Eierstöcken? Wir saßen bestimmt eine halbe Stunde mit Dr. Platzer zusammen, am Ende kam noch ein Oberarzt dazu. Was bedeutet die Info für mich? Was für die Familie, die Kriwys, die Gaudans?

Weil Frau Fischer schon im Urlaub war, bin ich nach dem Gespräch zu Frau Lüdders gegangen. Ich hatte so viele Fragen und brauchte jemanden, der mir alles genau erklärt. Was passiert mit der Brust? Wie wird sie amputiert? Wie mit einer Guillotine abgehackt? Was wird für die Eierstöcke empfohlen? Frau Lüdders erklärte mir, wie die OP ablaufe und dass man die Brustwarzen behalten könne. Die Eierstöcke, sagte sie, würden nicht so schnell entfernt. Sie produzierten nämlich Hormone, die auch wichtig seien für die Knochen. Ich solle nur nicht erst mit vierzig auf die Idee kommen, eine Familie zu gründen. Sobald

Alex ist ein befreundeter Kollege von Basti. Er ist Internist und arbeitet auch am UKSH Campus Lübeck.
MRT ist die Abkürzung für Magnetresonanztomografie. Sie ist ein bildgebendes Verfahren, das in der medizinischen Diagnostik zur Darstellung von Geweben und Organen im Körper eingesetzt wird.
BRCA1 ist ein Gen, das bei einer Mutation die Wahrscheinlichkeit einer Tumorbildung insbesondere für Brustkrebs, Eierstockkrebs, Dickdarmkrebs und Prostatakrebs erhöht.

die Familienplanung abgeschlossen sei, würde man die Eierstöcke entfernen.

Ein wenig beruhigt bin ich dann vom Chemopavillon zum ersten Termin bei meiner neuen Gynäkologin Frau Dr. Pause gegangen. Sie hat mich gründlich untersucht und die Brust und Eierstöcke geschallt. Das wird wegen meiner genetischen Veranlagung als Vorsorge ab jetzt alle drei Monate gemacht.

Beim Schallen der Brust hat sie eine zweite Stelle bemerkt. Ich wusste, dass es irgendwo einen weiteren Knoten gibt. Frau Fischer hatte das Gewebe ja schon punktiert. Aber ich konnte ihr nicht sagen, ob es sich jetzt um diese Stelle handelt. Auch wenn Frau Pause immer wieder betonte, dass ich mir keine Sorgen machen solle und sie das Bild mit Frau Lüdders besprechen werde, wurde ich panisch. Das waren mir zu viele Informationen für einen Tag.

Ich bin aus der Praxis raus und wollte stark sein, um Titi, die mich zu Frau Pause begleitet hatte und während der Untersuchung im Wartezimmer saß, nicht weiter zu beunruhigen. Aber dann sind mir doch die Tränen gekommen. Titi hat mich getröstet. Ich wollte nur noch nach Hause und schlafen. Wenn es mir nicht gut geht, schlafe ich am liebsten.

Der Anruf von Frau Pause hat mich geweckt. Sie hatte mit Frau Lüdders gesprochen: Es ist dieselbe Stelle, die Frau Fischer schon hat untersuchen lassen. Also ist alles okay. Was für eine Erleichterung.

Als Basti abends nach Hause kam, wurde es sehr emotional. Basti musste richtig weinen und ich dann natürlich auch. Aber wir sind ein starkes Team und kriegen das Ganze schon auf die Reihe.

Am 23. Dezember kamen Pascal, Korbi, Julia und Irene. Es waren schöne Weihnachtstage, vor allem gab es so viel leckeres Essen, dass wir fast platzten. Ich war fitter, als ich erwartet hatte. Vormittags habe ich immer ein Nickerchen gemacht und abends ging es mir meistens gut.

Am 27. sind Irene, Korbi und Julia abgereist. Pascal und Titi sind noch drei Tage länger geblieben. An einem der Abende haben wir über den Gendefekt gesprochen. Pascal wurde es schnell zu viel. Er hat abgeblockt und wollte keine weiteren Informationen. Als Titi und Basti dann ins Bett gegangen waren und nur noch wir zwei am Tisch saßen, hat er angefangen zu weinen. Seit Papas Tod hatte ich ihn nicht mehr weinen gesehen. Das hat mir das Herz zerrissen. Ich

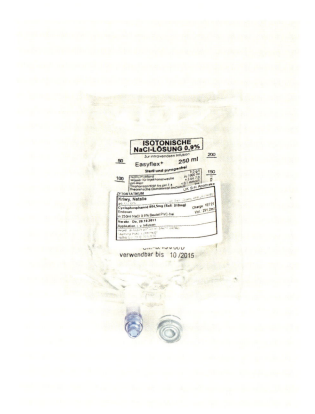

Da die leeren Chemobeutel mir nicht ausgehändigt werden durften, habe ich sie mit unproblematischen Infusionsbeuteln und nachgedruckten Aufklebern imitiert, hier den mit Cyclophosphamid vom 20.10.2011.

finde es einfach schrecklich, Menschen traurig zu machen. Wir haben uns fest umarmt und geweint. Er hat von Papa gesprochen und davon, dass Titi und ich krank sind – die Menschen, die ihm am wichtigsten sind. Ich glaube, er hat da erst wahrgenommen, dass ich Krebs habe und was das bedeutet. Wir sind nachts noch eine große Runde spazieren gegangen. Das tat uns beiden gut.

Vor Pascals und Titis Abreise haben wir erneut über den Gendefekt gesprochen. Wir wussten nicht, wie wir die anderen Kriwys benachrichtigen sollten, ohne sie mit dem Ergebnis zu überfallen. Vielleicht wollen es manche aus der Familie ja auch gar nicht wissen. Ich habe schließlich einen Brief geschrieben, in dem ich sage, dass mir der Test empfohlen wurde, auch, dass ich ihn habe machen lassen. Ich habe allerdings so getan, als würde ich das Ergebnis noch nicht kennen. So konnte jeder für sich entscheiden. Diesen Brief habe ich Adi, Resi und Christine geschickt und sie gebeten, auch mit ihren Kindern darüber zu reden. Maria wusste ja schon Bescheid. Dédé auch. Karola rief mich ein paar Tage später an und wollte das Ergebnis wissen, Nadine schrieb mir. Wir wollten telefonieren, aber zu dem Zeitpunkt hatte ich wieder so viele Kliniktermine. Ich war so erschöpft, dass wir erst ausführlich telefonierten, nachdem ich in Bad Überkingen angekommen war.

Zum Jahresende hatten Basti und ich noch einen Termin bei Frau Fischer. Für mich war von Anfang an klar, dass ich das Brustgewebe auf beiden Seiten entfernen lasse, wenn der Gentest positiv ausfällt. Frau Fischer hat mir erklärt, wie die OP verläuft und welche Optionen es für den Wiederaufbau gibt. Sie riet mir zu einer beidseitigen Mastektomie mit soforti-

Adi, Resi und Christine: Adi ist mein Onkel väterlicherseits, Resi und Christine sind die zwei anderen Schwestern von meinem Vater. Resi hatte mit vierunddreißig Jahren zum ersten Mal Brustkrebs und ein zweites Mal mit Ende fünfzig an der anderen Brust.
Dédé ist mein Onkel mütterlicherseits und der Vater von Soph und Steph.
Karola ist eine Cousine väterlicherseits. Sie ist die Tochter von Adi. Auch Nadine ist eine Cousine väterlicherseits. Sie ist die Tochter von Christine.
In Bad Überkingen ist die Luise von Marillac Klinik. Diese Rehaklinik hat sich auf junge Brustkrebspatientinnen spezialisiert.

gem Wiederaufbau. Diese würde sie mit ihrem Kollegen Dr. Thill durchführen, jeder eine Brust machen. Dabei würden sie die Haut beider Brüste öffnen und das komplette Brustdrüsengewebe entfernen. Fünf Millimeter Haut und die Brustwarzen würden bleiben. Sie würden dann die Brustmuskeln auf beiden Seiten durchtrennen, die Implantate darunterschieben und mit einem Netz fixieren. Eine solche OP dauere drei Stunden und die Narben seien am Ende klein. Viel kleiner, als ich dachte. Es ist erstaunlich, was alles möglich ist. Anfang Februar, sobald meine Blutwerte wieder gut sind, kann es losgehen. Dieses Gespräch hat mich sehr erleichtert. Danach habe ich mich irgendwie wieder sicherer und stärker gefühlt.

Nach den Sehstörungen vor zehn Tagen sollte ein paar Tage später ein komplettes Restaging durchgeführt werden. Die Richtlinien der Gynäkologie sehen das normalerweise nicht vor, aber in meinem Fall wird es über insgesamt zwei Jahre gemacht und gibt mir eine größere Sicherheit.

Am 31. Dezember kamen Knödi und Aleks aus Oslo. Besuch für Basti. Ich habe mich sehr für ihn gefreut, denn Knödi ist ihm sehr wichtig. Silvester selbst habe ich bis drei Uhr morgens durchgehalten. Wir haben lecker gegessen, nach Mitternacht gab es noch Käse und Nachtisch und ausreichend Wein. Es war ein schöner Abend.

Am 10. Januar war die sechste und letzte Chemo dran. Titi ist nach Lübeck gekommen, um sich um mich zu kümmern. Die ersten Tage war ich wieder ganz schön erschöpft, aber ich wusste ja auch, dass ich bald zur Reha in die Luise von Marillac Klinik nach Bad Überkingen fahre. Darauf habe ich mich sehr gefreut. Und auf die letzte Chemositzung natürlich auch. Ich habe sie auch recht gut vertragen. Am Samstagmittag drauf ist Titi zurück nach München gefahren. Basti hatte am Wochenende zwar Visite, war aber an beiden Tagen um zwölf Uhr fertig.

Am 16. Januar hatte ich wieder Termine in der Uniklinik, unter anderem für eine weitere Computertomografie. Die Ärzte wollten Metastasen in der Leber und in der Lunge ausschließen. Wieder musste ich also dieses ekelhafte Kontrastmittel trinken. Im September fand ich das Zeug schon so schrecklich, dass ich mich übergeben musste, bevor ich in die Röhre geschoben wurde. Dieses Mal ging es besser. Nach dem CT habe ich noch eine Spritze mit einer schwach radioaktiven Substanz für die Knochenszintigrafie bekommen. Auch die Knochen sollten mit Sicherheit metastasenfrei sein. Abends sollte ich das Ergebnis erfahren. Ich hatte gehofft, dass Basti schon früher informiert worden sei. Als er sich nachmittags nicht meldete, bekam ich Angst, dass die Nachrichten schlecht seien und er sie mir nicht am Telefon sagen wolle. Aber um neunzehn Uhr rief er an: Alles ist gut!

Zwischen CT und Szintigrafie hatte ich zwei Stunden Zeit, und so konnte die eigentlich für den nächsten Tag geplante Blutkontrolle auch gleich im Chemopavillon gemacht werden. Die Werte, das habe ich gleich erfahren, waren leider nicht optimal. Ich sollte in zwei oder drei Tagen noch ein Blutbild machen lassen. Aber da sollte ich doch schon unterwegs nach Bad Überkingen sein!

Am Dienstag bin ich für einen letzten Ultraschall der Brust und die OP-Besprechung zu Frau Fischer in die Klinik. Wir haben auch über die schlechten Blutwerte gesprochen und Frau Fischer meinte, dass ich auf jeden Fall ins Krankenhaus gehen müsse, wenn ich Fieber bekäme. Es könne sein, dass ich dann eine Bluttransfusion bräuchte. Beim Schallen hat Frau Fischer die Stelle nicht gleich gefunden. Sie hat die Größe nicht erwähnt, aber gemeint, es wäre nur noch ein bisschen was zu sehen. Basti ist dann noch dazugekommen. Es war wieder ein nettes Gespräch.

Mastektomie mit sofortigem Wiederaufbau: Nach der Entfernung einer Brust (Mastektomie) kommen verschiedene Verfahren zum Einsatz, um die natürliche Brustform möglichst gut nachzubilden. Eine Rekonstruktion der Brust kann gleichzeitig mit der Entfernung der Brust erfolgen oder zu einem späteren Zeitpunkt.
Restaging: Als Stadienbestimmung oder Staging bezeichnet man den Teil der Diagnostik, der den Ausbreitungsgrad einer Krebserkrankung zu einer bestimmten Zeit dokumentiert. Restaging bedeutet, dass während der Therapie in bestimmten Abständen die Staging-Ergebnisse verglichen werden, um festzustellen, ob die Therapie angeschlagen oder sich etwas an der Ausbreitung verändert hat.
Knödi und Aleks: Knödi ist Bastis bester Freund, Aleks ist Knödis Frau. Sie wohnen in Oslo. Knödis Mutter ist 2009 an Brustkrebs gestorben.

Computertomografie: Die Computertomografie (CT) ist ein bildgebendes Verfahren, ähnlich dem MRT, aber mit Röntgenstrahlung. Bei einem CT wird der Körper in Schichten dargestellt. Bei Krebspatienten wird es u. a. zur Suche von Metastasen genutzt.
Knochenszintigrafie: Die Knochen- oder auch Skelettszintigrafie ist ein nuklearmedizinisches bildgebendes Verfahren, mit dem man erkennt, ob Knochen sich z. B. im Rahmen einer Krebserkrankung verändern und ob solche Veränderungen Metastasen sind.

Zwei solche Titannetze wurden mir beim
Wiederaufbau der Brüste eingesetzt.

Am Mittwoch bin ich nach Bad Überkingen aufgebrochen. Am Morgen hatte Basti mir noch Blut abgenommen. Jetzt sind die Werte der Situation entsprechend gut.

Auf dem Weg in die Reha bin ich über Malsch gefahren. Tante Maria hat sich sehr über meinen Besuch gefreut.

23. 01. 2012

Ciprofloxacin, 250 mg,
jeweils morgens und abends

07. 02. 2012

Zoplicon, 7,5 mg

08. 02. 2012

Dormicum, 7,5 mg
Propofol, 150 mg
Sufenta, 30 μg
Sufenta, 10 μg
Sufenta, 2-mal 5 μg
Esmeron, 30 mg
Dauerperfusor mit
Propofol 1%ig,
20, 30 bzw. 40 ml/h
Kevatril, 1 mg
Fortecortin, 4 mg
Basocef, 2 g
Novalgin, 4 g auf
50 ml NaCl 0,5 %, 4 ml/h
Clindamycin, 4-mal 150 mg
Fragmin P Forte, 5.000 IE
Zoplicon, 7,5 mg

09. 02. 2012

Novalgin, 3-mal 30 Tropfen
Fragmin P Forte, 5.000 IE
Clindamycin, 4-mal 150 mg

10. 02. 2012

Novalgin, 4-mal 500 mg
Fragmin P Forte, 5.000 IE
Clindamycin, 4-mal 150 mg

11. 02. 2012

Novalgin, 4-mal 500 mg
Clindamycin, 4-mal 150 mg
Zoplicon, 7,5 mg
Fragmin P Forte, 5.000 IE

12. 02. 2012

Novalgin, 4-mal 500 mg
Fragmin P Forte, 5.000 IE
Clindamycin, 4-mal 150 mg

13. 02. 2012

Novalgin, 4-mal 500 mg
Fragmin P Forte, 5.000 IE

14. 02. 2012

Novalgin, 4-mal 500 mg
Fragmin P Forte, 5.000 IE

Heute ist Dienstag, der 14. Februar. Genau vor fünf Monaten hat Frau Fischer mir mitgeteilt, dass ich Brustkrebs habe. Die Zeit entgleitet mir. Manchmal kommt es mir vor wie gestern, dann wie vor Ewigkeiten.

Vor einer Woche bin ich in die Klinik gekommen und am Mittwoch wurde ich operiert. In der Nacht vor der OP war ich ziemlich ruhig. Erst als ich zur Narkose gefahren wurde, kam die Aufregung. Aber alles in Maßen. Basti stand neben mir, bis mir die Augen zugefallen sind. Zuvor hatte die Narkosehelferin noch behauptet, dass ich mich durch das Dormicum an den Einschlafraum später nicht würde erinnern können. Aber das stimmt nicht. Ich kann mich an alles erinnern. Ich habe die Tablette wohl einfach zu spät genommen. Frau Fischer war am Morgen noch kurz für die Markierung ins Zimmer gekommen,

Dormicum: Dormicum ist ein Medikament mit dem Wirkstoff Midazolam. Es wirkt angstlösend, entspannend auf die Skelettmuskulatur und entkrampfend.

dann noch Prof. Diedrich, der Chefarzt der Gynäkologie, zur Visite. Es war also viel los im Zimmer, bevor ich entführt wurde. Erst nachdem ich noch kurz im Bad war, habe ich die Tablette schließlich geschluckt.

An die OP selbst kann ich mich natürlich nicht erinnern. Aber ich habe Fotos. Dreiunddreißig Fotos. Frau Fischer hatte das Stativ mit der Leica im OP aufgestellt und im Laufe der drei Stunden hat immer wieder jemand vom OP-Team auf den Auslöser gedrückt. Auf den letzten beiden Fotos bin ich wach und bekomme den Kompressions-BH und den Stuttgarter Gürtel angezogen. Auf einem Bild lächle ich ziemlich verpennt. Als ich die Aufnahmen sah, war ich sehr erstaunt. Ich hätte nie gedacht, dass ich so schnell aufwache, und noch weniger, dass ich schon im OP wieder zu Bewusstsein komme. Frau Fischer erzählte, dass ich etwas wie »Sind wir schon fertig?« gefragt habe.

Richtig wach geworden bin ich dann erst im Aufwachraum. Basti war bei mir. Ich fühlte mich recht fit, wir haben uns unterhalten. Ich war sehr durstig, durfte aber nichts trinken. Die Krankenschwester fand das alles nicht so gut. Sie sagte, ich bräuchte Ruhe. Also musste Basti gehen.

Dann, wieder in meinem Zimmer, lag ich im Bett und konnte mich kein bisschen rühren. Die folgenden vierundzwanzig Stunden lag ich nur auf dem Rücken und habe über die Braunüle Schmerzmittel bekommen, am Anfang auch Flüssigkeit. Später durfte ich wieder selbst trinken, mit einem Strohhalm aus einem Becher. Am nächsten Morgen wurden der BH und der Stuttgarter Gürtel aufgemacht. Das war die Hölle. Kurz nach der Visite musste beides noch einmal geöffnet werden. Meine Fresse. Caro, die ich während der Reha in Bad Überkingen kennengelernt habe, hatte mich zwar schon gewarnt, aber mit diesen Schmerzen habe ich nicht gerechnet.

Die Physiotherapeutin, die später kam, hat nur meinen Ellenbogen in ihre Hand genommen und ein klitzekleines bisschen hin- und herbewegt. Allein ging gar nichts. Später kam Frau Fischer, sie wollte sich das Ergebnis auch ansehen. Also BH und Gürtel wieder auf und zu. Wieder diese Schmerzen. Dann hat sie von der OP erzählt und vom Fotografieren und dass alle sehr motiviert gewesen seien.

Nachmittags wurde der Katheter entfernt. Das war nicht schlimm. Aber als ich das erste Mal aufstehen sollte, tat mir die Brust schrecklich weh. Die Krankenschwester hat mich erst hingesetzt und mir dann geholfen aufzustehen. Allein hätte ich das nie geschafft.

Am Freitag, dem 10. Februar, hat Frau Fischer mich wieder besucht. Wir haben uns nett unterhalten. Ich mag Frau Fischer sehr. Wir haben uns die Aufnahmen angeschaut und sie hat mir erklärt, was man darauf sieht. Das Brustgewebe. Die erste, ganz leere Brust. Die andere mit einem provisorischen Silikonkissen. Sie haben während der OP die Kissen ausgewählt, von denen das ganze Team annahm, dass sie mir am besten stehen würden. Eine Art Volksabstimmung also.

Am Samstagmorgen ließen die Schmerzen zum ersten Mal ein wenig nach. Prof. Diedrich kam zur Visite und erzählte, dass die Untersuchung des Brustgewebes gut sei. Es konnten keine bösartigen Zellen mehr nachgewiesen werden. Ich war total glücklich. Beim letzten Ultraschall Mitte Januar, eine Woche nach der sechsten Chemo, hatte Frau Fischer noch eine kleine Stelle entdeckt. Aber seitdem haben die Medikamente wohl weiter gewirkt. Basti hatte am Samstag Dienst und hat mich zwischendurch besucht.

Am Sonntag sollte schon der erste Drainageschlauch aus der rechten Brust entfernt werden. Ich hatte so oft gehört, dass das sehr weh tut. Die Gynäkologin Prof. Hornung sagte kurz: »Tief einatmen!« Das habe ich gemacht und die Zähne fest zusammengebissen. Und schon war's erledigt. Es war überhaupt nicht schlimm.

Am 13. Februar hatte ich Geburtstag. Wie jedes Jahr. Kurz nach der Visite kam Basti, vollgepackt mit Päckchen, und dann auch Frau Fischer, strahlend. Sie gratulierte mir, hat mich umarmt und mir die gute Nachricht der Pathologen mitgeteilt. Ich wusste ja schon von den tollen Werten, aber es hat mich sehr gefreut zu sehen, wie froh auch sie darüber war.

Ein Kompressions-BH ist ein fester und stark stützender BH, der die Brust nach einer OP für eine optimale Heilung ruhig stellt. Der Stuttgarter Gürtel ist ein Kompressionsgurt, der ein Brustimplantat nach einer Operation so lange stabil in seiner gewünschten Lage hält, bis der Heilungsvorgang abgeschlossen ist. Der stetige Druck des Gurtes wirkt sich zudem positiv auf mögliche Schwellungen aus. Der Gürtel wird oberhalb des Implantates getragen.

Den Kompressions-BH habe ich nach der OP zwölf Wochen getragen, den Stuttgarter Gürtel sechs Wochen.

Der Implantatpass enthält alle wichtigen
Informationen zu den eingesetzten Implantaten.

15. 02. 2012

Novalgin, 2-mal 500 mg
Fragmin P Forte, 5.000 IE

Ich darf immer noch nicht nach Hause. Es tritt weiterhin zu viel Wundflüssigkeit aus. Vielleicht wird die Drainage aber morgen oder am Freitag gezogen. Ich wäre am Wochenende so gern wieder in meinem eigenen Bett. Aber hoffentlich kommen die Ärzte nicht auf die Idee, mich gleich morgen zu entlassen. Da ist Basti tagsüber in Wiesbaden und ich wäre ganz allein.

Auch wenn hier alle sehr nett sind, langweile ich mich. Ich habe schon überlegt, ob ich den Krankenschwestern ein bisschen behilflich sein kann. Aber ich darf nichts tragen und Basti meinte, dass das versicherungstechnisch gar nicht gehe. Also wandere ich zwischen meinem Zimmer und dem Gemeinschaftsraum hin und her. Im Gemeinschaftsraum fühle ich mich weniger im Krankenhaus. Aufregend ist das alles nicht gerade.

Heute wollte ich versuchen, tagsüber ohne Schmerztabletten auszukommen und erst abends zwei zu nehmen, damit ich nachts weniger Schmerzen habe und besser schlafen kann. Seit ich hier bin, habe ich vorm Einschlafen zweimal eine Schlaftablette genommen, am nächsten Tag war ich aber jedes Mal fertig. Deswegen lasse ich das jetzt lieber.

Das Wetter war traumhaft und so bin ich mittags kurz rausgegangen. Auf dem Rückweg habe ich zufällig Basti und Morten getroffen. Wir waren zusammen einen Kaffee trinken. Wieder in meinem Zimmer, habe ich das Sonnenlicht samt Schatten zum Fotografieren genutzt. Ich habe etwa eine Stunde fotografiert, bis es dunkel war. Das war wirklich toll, wenn auch manchmal etwas kompliziert, weil ich mich noch nicht richtig bewegen kann. Ich hoffe, dass die Sonne morgen wieder scheint.

Abends tat mir die Brust etwas weh. Ich habe kurz den BH aufgemacht und mich im Spiegel genauer angesehen. Dabei habe ich auch festgestellt, dass die Wimpern immer weniger werden. Am linken Auge konnte ich nur neun zählen. Am rechten Auge sind es zum Glück noch mehr. Hoffentlich fallen nicht doch noch alle aus. Wie bei Sabine, die ich während der Reha kennengelernt habe. Ihre Wimpern und Augenbrauen fielen zwei Monate nach der letzten Chemo aus. Sie hat auch TAC bekommen. Die Härchen an den Armen kann ich seit zwei Tagen auch rausziehen. Das ist komisch, denn auf dem Kopf ist schon wieder ein kleiner Flaum zu sehen. Bei manchen Patienten wächst er ziemlich ungleichmäßig. Mal sehen, wie es bei mir wird. Vielleicht rasiere ich ihn auch ab.

Jetzt ist es kurz nach acht. Heute Abend fühle ich mich ganz schön müde.

16. 02. 2012

Novalgin, 4-mal 500 mg
Fragmin P Forte, 5.000 IE

Eben war Visite. Prof. Hornung würde die zweite Drainage ziehen, da seit gestern nur noch fünfundzwanzig Milliliter in die Flasche gelaufen sind, aber sie will vorher mit Frau Fischer Rücksprache halten. Vielleicht kommt Frau Fischer ja nachher noch mal vorbei. Dann kann ich sie noch auf das komische Kribbeln im Brustbereich ansprechen. Es fühlt sich an wie eingeschlafene Füße oder wie Gänsehaut und kommt immer, wenn mir kalt ist. Auch würde ich gern wissen, ob die Implantate wirklich unterschiedlich groß sind. Das ist mir nämlich aufgefallen, als ich mir heute meinen Implantatpass angesehen habe.

Morten ist ein Freund und Kollege von Basti. Er ist auch Internist und arbeitet am UKSH Campus Lübeck.

17. 02. 2012

Novalgin, 4-mal 500 mg

Heute ist die zweite Drainage gezogen worden. Danach habe ich Titi angerufen. Ihr Koffer war schon seit Tagen gepackt, sie hat nur auf meinen Anruf gewartet. In zwei bis drei Stunden ist sie in Lübeck. Sie wird eine gute Woche bleiben. Ich hoffe, dass es mir danach besser geht und ich alleine klarkomme.

Nach der Visite gestern ist der Stuttgarter Gürtel versehentlich eine Stunde offen geblieben. Nach einer Stunde habe ich ihn selbst geschlossen und schön stramm gezogen, um das Silikon wieder nach unten zu drücken. Hoffentlich wirkt es sich nicht negativ aus, dass er so lange offen war.

Zweimal waren vorhin ein paar Finger taub. Nachdem ich die Hand an- und entspannt hatte, fühlten sie sich wieder normal an.

Frau Fischer war eben da. Sie sagte, dass ich jetzt wieder duschen dürfe, die ersten Tage nur ohne Seife. Ich kann auch wieder baden und in die Sauna gehen, nur nicht zu heiß. Fünf Wochen muss ich den Kompressions-BH und den Stuttgarter Gürtel noch tragen, danach weitere sechs Wochen nur den BH. In zwei Monaten möchte sie das Ergebnis noch mal anschauen. Alle drei Monate soll ich jetzt zur Nachsorge zu Frau Pause gehen und zusätzlich alle sechs Monate zu ihr in die Klinik kommen.

Sie freut sich sehr darüber, dass der Tumor so gut auf die Chemo angesprungen ist und ich die Behandlung so gut vertragen habe, dass alles so gut gelaufen ist, obwohl die Diagnose im September sehr schlecht war. Sie betonte noch einmal, dass wir etwas Besseres als das, was wir nun erreicht haben, nicht erreichen konnten.

Dann haben wir über meinen Kinderwunsch gesprochen und darüber, dass ich diesen Gendefekt nicht weitergeben möchte. Ich habe sie gefragt, ob sie bezüglich der Eierstöcke anders gehandelt hätte, wenn meine Familienplanung abgeschlossen wäre. Aber sie hätte es in dem Fall ganz genauso gemacht, da in meiner Familie kein Eierstockkrebs bekannt ist. Wenn man den Defekt habe, sagte sie, trete Eierstockkrebs in der Regel zehn Jahre früher auf, als wenn man den Defekt nicht hat. Ohne Defekt ist das im Schnitt mit sechzig, mit Defekt also mit fünfzig Jahren. Für mich ist es damit nicht akut. Mit Anfang vierzig solle ich mir die Eierstöcke aber entfernen lassen. Diese Informationen haben mich sehr beruhigt.

Dann haben wir noch über mein Fotoprojekt geredet und dass vielleicht eine Ausstellung oder ein Buch daraus entstehen könnte. Ich soll sie auf dem Laufenden halten. Das mache ich natürlich, sie spielt doch eine wichtige Rolle für die ganze Arbeit.

Wir haben uns zwei Mal ganz fest umarmt. Ich habe ihr gesagt, was mir schon lange auf dem Herzen lag: dass ich so dankbar bin, bei ihr gelandet zu sein, dass sie ein toller Mensch ist, dass ich sie sehr schätze und lieb habe. Sie war gerührt, es kamen auch ein paar Tränen. Sie meinte, dass unsere Beziehung sehr besonders sei. Als sie gegangen war, musste ich auch weinen.

Der Tumor ist weg und die Brüste auch. Irgendwie ist jetzt doch alles etwas komisch. So abgeschlossen. Keine Zeit mehr in der Klinik, keine Ärzte mehr, keine weißen Kittel. Das normale Leben wird sich wieder seinen Weg bahnen.

23.02.2012

Vor fast einer Woche bin ich aus der Klinik entlassen worden. Als Basti mich am Freitag nach seinem Dienst abholte, war ich irgendwie traurig. Ich musste viel an Frau Fischer denken, die mir immer ein gutes Gefühl, Sicherheit und Geborgenheit gegeben hat und die ich jetzt nicht mehr so oft sehen werde. Diese Melancholie war die ersten Tage zu Hause noch sehr präsent. Aber seit Samstag verblasst sie langsam und heute geht es mir schon besser.

In den letzten zwei, drei Nächten konnte ich schon kurz auf der Seite schlafen. Wenn ich mich danach wieder auf den Rücken drehe, fühlt es sich merkwürdig an, so als würden die Implantate, wenn die Brustmuskulatur locker lässt, wieder langsam an ihre richtige Stelle rutschen. Wenn ich mich nicht bewege und die Muskeln schlaff sind, fühlt sich alles ganz normal an. Aber sobald die Muskeln angespannt werden, fühle ich die Implantate als etwas Fremdes in mir. Mir war vorher nicht bewusst, für welche auch kleinsten Bewegungen man die Brustmuskeln braucht: wenn man auf der Seite schläft oder im Auto sitzt und bremst oder eine Kurve fährt. Selbst beim Niesen arbeiten sie.

Das Kribbelgefühl habe ich immer noch und als ich gestern duschte, hatte ich am ganzen Oberkörper Gänsehaut, bloß zwischen den Brustwarzen und den Narben nicht. Da war die Haut vollkommen glatt. Ob Gänsehaut etwas mit den Nerven zu tun hat? Im gesamten Brustbereich fühle ich im Moment noch nicht so viel. Wenn ich die Haut dort mit den Fingern berühre, ist sie irgendwie taub.

Außerdem fallen meine Wimpern und Augenbrauen weiter aus, was mich sehr ärgert. Am linken Auge sind unten nur noch zwei Wimpern vorhanden, am rechten Auge ein paar mehr. Vor der OP hätte es mich nicht gestört, aber jetzt, wo eigentlich alles abgeschlossen ist, finde ich es blöd, ein kahles Gesicht zu bekommen.

02.03.2012

Die Zeit vergeht so schnell. Es ist schon März. Es geht mir ganz gut.

Letzten Montag ist Titi zurück nach München gefahren und am Tag darauf hat sie ihr Ergebnis vom Humangenetiker in München bekommen: Wie die Ärzte hier schon vermutet hatten, kommt mein Gendefekt nicht von ihr. Damit habe ich ihn von Papa. Die Gaudans brauchen sich also keine Gedanken machen. Mal sehen, wie die <u>Kriwys</u> mit dieser Information umgehen.

Meine Wimpern und Augenbrauen fallen weiterhin aus. Beide Augen sind unten wimpernlos, aber ich meine, schon neue zu sehen. Ganz kleine, helle Pikser. Oder fantasiere ich bloß? Bei den Brauen sind die inneren Hälften weg. Aber neue Härchen sind deutlich zu sehen.

An allen anderen Stellen wachsen die Haare. Basti meinte gestern Abend, dass man den Haaren auf dem Kopf beim Wachsen zuschauen könne. Am Hinterkopf sind sie etwas länger als oben und vorne. Ich muss bald zum Frisör, damit ich nicht vokuhila durch die Gegend laufe.

<u>Kriwys:</u> In der Familie Kriwy war neben meiner Tante Resi eine Cousine meines Vaters an Brustkrebs erkrankt und daran gestorben.

08.03.2012

Seit gestern bin ich bei Titi in München, jetzt in ihrem Büro. Wir wollen meinen nächsten Reha-Aufenthalt in der Luise von Marillac Klinik organisieren.

Es geht mir ganz gut. Ich kann meine Arme wieder uneingeschränkt in alle Richtungen bewegen. Meine Muskeln in der Brust spüre ich natürlich noch, auch das komische Kribbeln ist nicht weg. Aber davon abgesehen kann ich mich wirklich nicht beschweren. Meine Haare wachsen fleißig weiter, nur die Augenbrauen, Wimpern und Härchen an den Armen fallen noch aus. Aber das kann nicht mehr lange so weitergehen. Es sind so gut wie keine mehr da.

In letzter Zeit macht sich der Port unangenehm bemerkbar. Immer wieder spüre ich so ein Piksen, Stechen. Der BH reibt auch immer an der Narbe herum und der Stuttgarter Gürtel drückt den Port nach oben.

Letzte Nacht habe ich mich im Schlaf zweimal auf den Bauch gedreht. Wahnsinn. Sobald ich es bemerkte, habe ich mich aber wieder brav auf die Seite gelegt. Nicht dass die Silikonkissen deshalb noch zu den Schultern rutschen. Sie sollen schön bleiben, wo sie sind.

24.03.2012

Heute ist von den Narben die letzte Kruste abgefallen.

Gestern war ein ganz besonderer Tag. In der Früh bin ich mit Basti aufgestanden und dann alleine zum ersten Mal seit Ende des ersten Chemozyklus joggen gegangen. Das Wetter war in den letzten Tagen so schön und mein Bedürfnis, mich draußen zu bewegen, groß. Ich lief meine alte Route. Es ging einwandfrei. Manchmal habe ich meine Brustmuskeln gespürt, aber weh tat nichts, nichts war unangenehm. Ich habe mich gefreut wie schon lange nicht mehr. Die ganze Zeit habe ich gestrahlt wie die Sonne.

Die Zeit vergeht so schnell. Am Mittwoch lag die OP sechs Wochen zurück und damit war die Zeit des Stuttgarter Gürtels um. Weil ich mich aber beim Schlafen immer wieder in Bauchlage ertappte, habe ich Frau Fischer gefragt, ob ich ihn vielleicht doch noch länger tragen soll, zumindest nachts. Aber ihrer Meinung nach bewegen sich die Implantate nun nicht mehr. »Und«, sagte sie, »schließlich ist jetzt Frühling. Weg mit dem Teil!« Und so war Donnerstag mein erster Ohne-Stuttgarter-Gürtel-Tag. Auch wenn ich mich über die Wochen an ihn gewöhnt und er mich nicht mehr wirklich gestört hat, fühle ich mich ohne Gürtel freier. Schmerzen und Unbeweglichkeit sind fast vergessen. Und in fünfeinhalb Wochen kann auch der Kompressions-BH im Schrank bleiben.

Ich habe Frau Fischer auch gefragt, ob ich mich inzwischen massieren lassen kann, weil mein Schulter-Nacken-Bereich von den letzten Wochen ziemlich verspannt ist. Sie hatte nichts dagegen. Gestern Vormittag habe ich mich dann also ganz offiziell bei Ilka in der Praxis massieren lassen. Das tat gut. Die nächsten drei Wochen habe ich zwei Massagetermine pro Woche und dann geht es nach Bad Überkingen.

In den vergangenen Tagen habe ich mir zum ersten Mal meine ganze Bildersammlung angesehen. Das ist jede Menge Material. Die Anfangsfotos, noch mit Haaren auf dem Kopf, erscheinen mir teilweise sehr fremd. Eigentlich ist es doch gar nicht so lange her, nur sechs Monate, aber ich empfinde es wie eine Ewigkeit.

26.03.2012

Schon wieder Montag. Gestern Nachmittag hat Basti neue Fotos von mir gemacht. Am Rechner habe ich sie später mit denen vom 3. März verglichen. Es ist wirklich krass, wie schnell die Haare wachsen. Die Kopfhaut ist bald nicht mehr zu sehen.

Ich war heute wieder joggen.

27.03.2012

Vorhin war ich endlich beim Zahnarzt. Eigentlich hätte ich letzten Sommer hingehen sollen, aber da war ich so viel im Chiemgau unterwegs. Als ich schließlich wieder Zeit hatte, kam die Diagnose und Frau Lüdders meinte: »Kein Zahnarzttermin während der Chemo.«

29.03.2012

Eben war ich bei Frau Pause. Alles ist in Ordnung. Mit den Silikonkissen sieht das Ultraschallbild ziemlich komisch aus, als ob man ins Leere blickt, in die Ferne oder aufs Meer.

In ein paar Wochen kann ich mir auch Narbentherapie verschreiben lassen, damit die Narben nicht verhärten. Im ersten Jahr soll ich keine Sonne dranlassen. Ich soll keine BHs mit Bügeln tragen, weil diese direkt auf der Narbe liegen. Zwei BHs bekomme ich ab jetzt pro Jahr verschrieben. Die muss ich im Sanitätshaus kaufen. Mal gucken, was es da so gibt.

03.04.2012

Nun habe ich meinen ersten Sanitätshaus-BH. Sexy ist definitiv etwas anderes. Egal. Die Verkäuferin war sehr nett und bemüht, ein Modell zu finden, das auch zu jüngeren Patientinnen passt. Schließlich habe ich mich für einen einigermaßen neutralen BH mit relativ schmalen Trägern entschieden.

In der Umkleidekabine lagen noch Unterwäschekataloge. Dort habe ich noch einen schöneren, farbenfrohen gefunden. Den gebe es, so die Verkäuferin, zwar auch ohne Bügel, aber zum einen sei es ein Herbstmodell und zum anderen vor allem für den französischen Markt gedacht, dort seien die Frauen bezüglich des Designs nämlich anspruchsvoller als in Deutschland. Das gibt es doch nicht: Eine deutsche Firma produziert Sonderwäsche exklusiv für Frankreich.

Außerdem war ich heute auch im Chemopavillon zum Spülen. Das soll ich alle sechs bis acht Wochen machen lassen. Um mich für die herzliche Betreuung im Pavillon zu bedanken, werde ich am Donnerstag für alle selbstgekochtes Mittagessen vorbeibringen.

12.04.2012

Zwei Monate liegt die OP inzwischen zurück. Eben war ich bei Frau Fischer, die sich die Brust angesehen hat. Die Narben werden, meinte sie, mit der Zeit noch heller und die etwas dunkleren Stellen seien keine blauen Flecken, wie ich vermutet hatte. Hier sei die Durchblutung seit der OP einfach nicht mehr optimal. Außerdem fand sie, dass der Muskel der linken Brust etwas zu prominent sei. Weil ich so schlank sei, falle das sofort auf. Ich selbst hatte dieses kosmetische Detail bisher überhaupt nicht wahrgenommen. Ändern lässt sich daran eh nichts mehr und es stört mich auch nicht.

Spülen: Um einen Port durchgängig zu halten, wird er regelmäßig mit einer blutverdünnenden Substanz gespült.

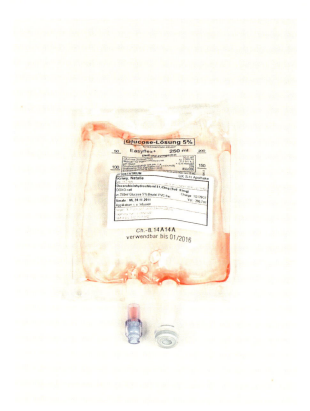

Nachgestellter Chemobeutel mit Doxorubicinhydrochlorid vom 30.11.2011. Für die rote Flüssigkeit habe ich Aperol und Hagebuttentee gemischt.

18.04.2012

Ich sitze im ICE nach München. Von dort fahre ich morgen weiter nach Bad Überkingen. Ich freue mich schon auf die Reha, den ganzen Sport. Das wird mir guttun.

Mit Pascal, Titi und Hassiba mache ich mir nachher einen schönen Abend.

10.05.2012

Schon wieder sitze ich im ICE. Dieses Mal von Bad Überkingen zurück nach Lübeck. Am Sonntag fahren Basti und ich zu Titi nach Pérols.

Die Reha-Zeit ist so schnell vergangen. Ich hätte problemlos noch drei Wochen länger bleiben können. Der Sport, die Entspannungstherapie, Stretch & Relax haben mir wirklich gutgetan und ein paar Übungen werde ich auf jeden Fall beibehalten. Auch schwimmen gehen will ich regelmäßig. Frau Groening, unsere wunderbare Sport- und Physiotherapeutin, meinte nämlich, dass Kraulen, wenn man es richtig mache, sehr gut für das Lymphsystem sei. In den letzten zwei Wochen bin ich in der Bad Ditzenbacher Therme immer mal wieder eine Runde gekrault. Es ging schon ganz gut, auch wenn sich die Brustmuskulatur dabei komisch anfühlte.

Ute war in der gleichen Zeit wie ich in der Reha. Sie ist ein toller Mensch. Sie hat in unserer Gruppe immer für gute Stimmung gesorgt. An zwei Abenden habe ich so viel gelacht, dass mir der Bauch total weh tat.

Zum Abschied hatte ich gestern ein paar Piccolos für meine Mädels besorgt, die wir auf dem Weg zu Nino, unserer Bad Überkinger Kneipe, getrunken haben. Dort gab es dann Bruschetta, Wein und Aperol Spritz. Über den mussten wir total lachen, denn er sieht genauso aus wie eine Chemosubstanz.

Der Abschied vorhin war sehr traurig.

12.05.2012

Ich war gerade zum Haareschneiden bei Marcell. Ja, er hat tatsächlich etwas zum Abschneiden gefunden. Einen Scheitel hat er auch gezogen und am Ende Haarwachs reingeknetet – wie man es mit Haaren auf dem Kopf eben macht.

06.06.2012

Nach der Reha sind Basti und ich für drei Wochen nach Südfrankreich gefahren. Jetzt habe ich auch endlich Titis neues Zuhause gesehen. Titi, Pascal und die Gaudans sind auch nach Pérols gekommen. Jetzt sind die Ferien fast vorbei. Nach zwanzig Stunden Fahrt im Autozug sind Basti und ich gestern in Hamburg angekommen.

Heute stand erst Papierkram auf dem Zettel, dann ein Termin zum Spülen des Ports und zur Blutabnahme. Für das morgige Restaging werden die aktuellen Leberwerte benötigt.

Das mit dem CT hat mich die letzten Tage immer wieder beunruhigt. Ich hatte Angst, dass bei den Untersuchungen wieder etwas Neues entdeckt wird. Aber seit gestern bin ich wieder entspannter. Vielleicht, weil ich gestern laufen und heute schwimmen war.

07.06.2012

Gastrografin, 30 ml,
verdünnt mit einem Liter Wasser
Xenetix 300, 100 ml

Heute also CT fürs Restaging.

Während der einen Stunde, in der ich das Kontrastmittel peu à peu trinken sollte – ich hatte es in einer Flasche dabei –, habe ich kurz im Chemopavillon vorbeigeschaut und auch ein paar Flyer der Luise von Marillac Klinik verteilt. Frau Lüdders war sehr interessiert, wohl auch, weil leider eine junge Kollegin erkrankt ist. Frau Lüdders hat sich auch das OP-Ergebnis angesehen und fand es sehr gelungen. Übrigens hatte auch die Ärztin in der Reha, Frau Dr. Buss-Steidle, Frau Fischers Werk sehr gelobt und gemeint, wenn es ihre Arbeit wäre, wäre sie sehr stolz darauf.

Nach dem CT bin ich noch bei Frau Fischer im Brustzentrum vorbeigegangen. Ich wollte ihr unbedingt meine Haarpracht zeigen. Wir haben ein bisschen geplaudert und dann hat sie den Ultraschall auch gleich gemacht.

Meine Haare wachsen ganz schön. Sie sind schon richtig dicht. Durch die Sonne, das Meer und den Pool in Südfrankreich sind die Spitzen ganz hell geworden. Einige denken, sie seien gefärbt.

Vorhin habe ich mit Tante Maria telefoniert. Sie hat das Ergebnis der humangenetischen Untersuchung. Sie ist Gott sei Dank keine BRCA1-Trägerin. Das bedeutet, dass weder Silvia noch Ralf oder ihre Kinder es sind. Das freut mich so.

Eigentlich sollte ich das Ergebnis vom Restaging erst morgen bekommen, aber als Basti um halb neun noch einmal in der Klinik war, stand der Befund schon im System. Alles bestens!

Silvia und Ralf sind Cousine und Cousin väterlicherseits. Sie sind die Kinder von Maria. Beide haben Kinder.

06.07.2012

In letzter Zeit denke ich viel seltener an die Krankheit, an manchen Tagen sogar gar nicht. Dass sie so fern ist und nur noch wenig Platz in meinem Leben hat, fühlt sich richtig gut an.

Vor drei Tagen war ich zum zweiten Mal zum Haareschneiden bei Marcell. Im Nacken wollte ich vor allem das ganze Fusselhaar loswerden. Wie schon letztes Mal war ich wieder total überrascht, wie viel er abschneiden konnte. Die Haare waren doch länger als gefühlt. Am Ende meinte Marcell, das sei mein erster wahrer Haarschnitt.

Am frühen Abend bin ich mit Basti noch zu Frau Lüdders' Antrittsvorlesung gegangen. Auf der anschließenden Feier waren auch alle Mitarbeiter aus dem Chemopavillon. Sie haben mich auch mit Haaren erkannt und sich gefreut, mich zu sehen. Das war ein schönes Gefühl. Frau Steffen hat mir das Du angeboten. Später habe ich auch Frau Fischer noch getroffen. Auch wir duzen uns jetzt. Ob ich es schaffe, Frau Fischer Dorle zu nennen?

Prof. Diedrich ist in Rente gegangen. Sein direkter Nachfolger ist nur drei Monate geblieben und nun ist Dorle, bis der nächste Chef feststeht, Chefin der Gyn.

19.07.2012

Vor ein paar Tagen war ich in Scharbeutz. Ich stand mit den Füßen in der Ostsee, als mich auf einmal ein älterer Herr ansprach. Ich hätte so volles und dichtes Haar und ob ich wisse, wie toll das sei. Ich habe gedacht, ich höre nicht richtig. Es waren zig Menschen am Strand, die meisten mit einer Menge Haar auf dem Kopf. Und ausgerechnet mich spricht er an. »Logisch weiß ich mein Haar zu schätzen. Vor sechs Monaten, guter Mann, hatte ich nämlich noch eine Glatze«, dachte ich. Gesagt habe ich es nicht. Als er wieder weg war, blieb ich noch eine ganze Weile perplex im Wasser stehen.

03.08.2012

Vor ein paar Tagen hat Benjamin seiner Kollegin Mathilde von meinem Projekt erzählt. Am Mittwoch bekam ich eine Mail von ihr, gestern haben wir telefoniert und jetzt sitze ich im Zug nach Paris. Am Dienstag werde ich sie um zehn Uhr im Musée Quai Branly treffen. Ein Wahnsinn!

Auf dem Weg von zu Hause zum Bahnhof wurde ich auf einmal unruhig und nervös. Ich merkte, wie mir die Tränen hochstiegen. Ich versuchte, sie zu unterdrücken, aber es ging nicht. Sie liefen mir die Wangen hinab. Seltsam, dass ich jetzt so emotional werde.

Es ist einfach ein komisches Gefühl, wegen dieser Krankheit nun einen Termin in einem großen Museum zu haben. Oder gar dank der Krankheit? Ich freue mich natürlich über den Termin. Aber sehr viel lieber hätte ich diese Diagnose nie bekommen.

Meine Sammlung ausgefallener Haare und Wimpern habe ich auch dabei.

Benjamin ist der Freund von meinem Schulfreund Micha. Die beiden wohnen in Paris und arbeiten im Centre Pompidou. Damals war Benjamin jedoch im Musée Quai Branly tätig. Benjamin und Micha waren die Ersten, denen ich das ganze Projekt gezeigt habe.

Am Anfang habe ich mir für jede ausgefallene Wimper etwas gewünscht. In dieser Box habe ich alle Wimpern und Augenbrauen aufbewahrt.

12.08.2012

Heute feiert Pascal seinen einunddreißigsten Geburtstag. Vor einem Jahr haben wir seinen dreißigsten in München groß gefeiert ... und die Welt war heil. Die große Sorge und Anspannung wegen Titis Verdacht auf Knochenmetastasen hatte sich gerade wieder gelegt. Es war falscher Alarm gewesen. Nur einen Monat später brachte ich wieder alle durcheinander.

Das Einjährige rückt näher. In den letzten Tagen denke ich oft daran. Demnächst werde ich bei Dr. XY vorbeischauen und ihm sagen, was ich von ihm halte. Vielleicht mache ich es am 30. August. Am 30. August vor einem Jahr war ich ja zur Routinekontrolle bei ihm. Am 5. September 2011, also keine Woche später, noch einmal. Am Abend zuvor hatte ich den Knoten in der linken Brust selbst getastet.

16.08.2012

Heute Vormittag war ich bei Dr. XY. Es war eine echte Überwindung. Eigentlich hatte ich gedacht, dass der 30. August oder der 5. September gute Tage dafür seien, aber der Gedanke hinzugehen, ging mir nicht aus dem Kopf. Ich habe eh schon viel zu lange gewartet. Warum also nicht heute?

Gegen elf Uhr war ich in der Praxis und habe den Arzthelferinnen gesagt, dass ich mit Dr. XY sprechen möchte. Und dass sie meine Versichertenkarte nicht bräuchten, weil ich mich nicht von ihm untersuchen oder behandeln lassen wolle. Ich nahm im Wartezimmer Platz, wo schon eine andere Frau saß. Ich war nervös und wurde immer zittriger. Um mich abzulenken, simste ich Kati: »Hallo Kati, bin gerade im Wartezimmer von Dr. XY und supernervös.« Gleich kam ihre Antwort: »Du tust das Richtige.«

Nach der Frau kam ich dran. Dr. XY holte mich im Wartezimmer ab. Dieses Mal ohne Händeschütteln. Wortlos gingen wir ins Behandlungszimmer. Ich setzte mich und während er noch an der Tür stand, fragte er mich: »Wie geht es Ihnen?« – »Das hätten Sie mich auch schon früher fragen können!«, erwiderte ich. Er redete sich heraus und begründete sein Schweigen damit, dass ein Arzt der Uniklinik ihm Ende September 2011 meinen Befund telefonisch mitgeteilt und erwähnt habe, ich würde mir einen neuen Arzt suchen.

Pascal wünscht mir gute Besserung.

»Das ist doch bitte kein Wunder!«, dachte ich, während er hinter seinem Schreibtisch Platz nahm.

Immer wieder sagte er, es freue ihn, dass es gut gelaufen sei und es mir jetzt gut gehe. Darauf fiel mir keine andere Antwort ein als: »Ja, denn zum Glück gibt es auch kompetente Ärzte.«

Manchmal hatte ich den Eindruck, er mache sich große Vorwürfe und sei kurz davor zu weinen. Dann war er auch wieder sehr gefasst, professionell. Die Kugel, also der Tumor, sagte er, habe sich damals glatt angefühlt und das habe ein Zeichen für etwas anderes sein können – oder eben einen schnellwachsenden Tumor. »Aber genau das ist doch«, dachte ich, »ein Grund, etwas zu unternehmen.«

Ich kann mich nicht an eine Entschuldigung von ihm erinnern. Er hat mir noch ziemlich wischiwaschi von drei Fällen berichtet, in denen die Radiologen der Meinung gewesen seien, dass die Frauen keinen bösartigen Tumor hätten, er aber auf die Operationen bestanden habe. In allen drei Fällen seien die Tumore bösartig gewesen. Damit hat er sich schön sein Gewissen rein geredet.

Am Ende des Gesprächs habe ich meine Akte verlangt. Während die Unterlagen gedruckt wurden, rief er die nächste Patientin auf.

Und was steht in meiner Akte?!

»30.08.2011 [...] Kleinknotige Mammae. Knoten der li. Brust. Fibroadenom? [...] Mammografie veranlasst, da der Befund zwar klinisch nicht typisch für ein Mamma-Ca. ist, ein schnellwachsendes Mamma-Ca. mit relativ glatter Kontur nicht ausgeschlossen ist. Pat. wurde über den Verdacht noch nicht informiert. Mammografie, ggf. Stanze abwarten.

05.09.2011 Knoten der Brust; Verdacht auf Mammacarcinom; Fibroadenom der Mamma. Die Pat. hat gestern selber den Knoten gefühlt, ist beunruhigt. [...]

Fibroadenom? Relativ homogen wachsendes Mamma-Ca. nicht ausgeschlossen.«

Als ich das las, habe ich fast die Krise bekommen. Ich wollte zurück ins Arztzimmer, um noch einmal mit ihm zu reden, aber die Arzthelferinnen hielten mich davon ab, weil er schon die nächste Patientin behandelte. Erst wollte ich warten, aber dann wurde es mir zu viel. Ich sagte zu einer der Arzthelferinnen: »Er hatte einen Verdacht auf einen schnellwachsenden Tumor und schickte mich ahnungslos nach Hause. An Ihrer Stelle würde ich mich hier nicht untersuchen lassen.« Dann bin ich gegangen. Ich musste mich zusammenreißen, um nicht in Tränen auszubrechen.

Wenn ich den Knoten am 4. September nicht selber getastet hätte ... Vielleicht wäre alles ganz anders gelaufen. Dieser Arsch hatte einen Verdacht und hat nichts gemacht, nichts gesagt! Selbst die Unterlagen für eine Mammografie bei einem anderen Arzt hatte er mir aus einem anderen Grund gegeben. Ich hatte ihm nämlich erzählt, dass meine Mutter früher an Brustkrebs erkrankt war und dass im Sommer 2011 der Verdacht auf Knochenmetastasen bestand. Nur aus diesem Grund meinte er, ich könne eine Mammografie machen lassen, wenn ich wolle. So gebe es eine Leeraufnahme für einen eventuell späteren Vergleich. Er wies mich noch darauf hin, dass eine Mammografie immer auch eine Strahlenbelastung sei und dass ich es mir ja noch überlegen könne.

Von der Praxis bin ich direkt zu Kati gegangen. Ich habe ihr alles erzählt und auch etwas geweint. Danach ging es mir besser.

Pat.Nr.: 14218 (Seite 2)

```
             Y    At                  Physiol. Flora,
             E    Kleinknotige Mammae ohne Anhalt für Malignität.
29.06.09     Z                              WL/05      9
16.04.10     D    Fam. Mamma-Ca.-Risiko
             A    F
             B
             B    F                                                    t
             B
             Z    Pap.=II                      .002/10
             Y
             E    Kleinkr   e              Malignität.
             P
07.10.10     D                   werd   ,      ?;
             A    LR  2
             A    n                   enn es passiert,         ziehen im re
             A
             B    G    Le    frei. Vul              if           or
             B
             B    an                   indolent,              indolent
             B
             U                         na  ;           nc      yometrium     el
             U                         en.              alg
             U                                                        E
             Y      ich
             E    Kleinknotige Mammae ohne Anhalt für Malignität.
             E    Ge
             T
08.10.10     Z                          '10
03.02.11     D                                Fam. Mamma-Ca.-Risiko
             A    V
             B                                Vag.,
             B    iff.. Bauch weich.        indolen
             B                   bi                                   nt
             B                     gr
             Z    Pap.=II                      511/11
             Y         a (                              cht vermehrt
             E    Kleinknotige Mammae ohne Anhalt für Malignität.
10.02.11     D
30.08.11     D    Fluor; Mittelschmerz; Knoten der Brust; Verd. auf Mammacarcinom
             D    Fam. Mamma-Ca.-Risiko; gynäkologische Kontrolle
             A    Zyklus 23 Tage. Mittelschmerz. Familiäres Mamma-Ca.-Risiko durc
             A    die Mutter.
             B    Gyn.: Leisten frei. Vulva, Vag., Portio unauff.. Physiol. Fluor
             B    Foetor indiff.. Bauch weich. Blase indolent. Uterus glatt,
             B    antefl., antev., fest, mobil, indolent, normgr.. Tuben indolent
             B    nicht verdickt, mobil. Ovarien normalgr., glatt, mobil, indolen
             Y    Abstrich Vagina (nativ): Physiol. Flora, Leukos nicht vermehrt
             E    Kleinknotige Mammae. Knoten der li. Brust. Fibroadenom? Unauff.
             E    Genitale.
             T    Mammografie veranlasst, da der Befund zwar klinisch nicht typis
             T    für ein Mamma-Ca. ist, ein schnellwachsendes Mamma-Ca. mit
             T    relativ glatter Kontur nicht ausgeschlossen ist. Pat. wurde übe
             T    den Verdacht noch nicht informiert. Mammografie, ggf. Stanze
             T    abwarten.
01.09.11     Z    Pap.= II, 4-3 / A.Nr.WL/070243/11
05.09.11     D    Knoten der Brust; Verd. auf Mammacarcinom; Fibroadenom der Mamm
             A    Die Pat. hat gestern selber den Knoten gefühlt, ist beunruhigt.
             U    Mammasonografie: Toshiba SSA-340A, PLF805 54mm, 6-10 MHz. Drüse
             U    gut beurteilbar auch retromamillär. Aufgelockert echodicht.
             U    Keine Strukturdefekte. Parenchymdichte ACR IV. Herdbefund
             U    oberer äuß. Quadrant li. von 18mm x 15mm x 11mm. Randkontur nic
```

Pat.Nr.: 14218 (Seite 3)

```
            U    ganz scharf, aber fast glatt, Zentralschatten verstärkt, eher
            U    aber etwas geringer als üblich, Echoarmut. Kompression:
            U    Verformbar, Echo unverändert. Lymphabflüsse unauff..
            E    Kleinknotige Mammae. Knoten der li. Brust. Sonogr. teilinvolv.
            E    Mammae. Fibroadenom? Relativ homogen wachsendes Mamma-Ca.
            E    nicht ausgeschlossen. Unauff. Axillae. BIRADS III.
   13.09.11 D    Fibroadenom der Mamma?
```

Am 16.08.2012 habe ich mir von meinem ehemaligen
Frauenarzt meine Krankenakte aushändigen lassen.
Ich war fassungslos.

01.09.2012

Vor zwei Tagen bin ich von Pérols zurück nach Lübeck gefahren. Während der Zugfahrt musste ich ab und zu daran denken, was genau vor einem Jahr war. In diesem Monat wird es einige »Einjährige« geben. Es fühlt sich seltsam an. Ein bisschen wie Geburtstag oder Todestag.

Seit Anfang der Woche habe ich Schmerzen im Bauch. Eigentlich ist es eher ein Ziehen wie ein paar Tage vor der Blutung. Es fühlt sich an, als würde sich in den Eierstöcken etwas tun, als erwachten sie langsam aus ihrem Winterschlaf. Hoffentlich habe ich meine Regel bald wieder. Aber vielleicht muss ich mich auch noch ein wenig gedulden. In zwei Wochen habe ich einen Termin bei Frau Pause. Sie wird einen Ultraschall machen und mir sicherlich sagen können, was da genau los ist.

Neulich hat Herr Stein vom Mieterbund zu mir gesagt: »Sie sind ja mutig. Sie haben ja eine richtige Pudelfrisur.«

11.09.2012

Ich denke sehr viel an die Zeit vor einem Jahr. Manche Gefühle sind mir abhandengekommen, richtig fremd. So, als hätten sie gar nichts mehr mit mir zu tun. Andere Ereignisse wiederum kommen mir vor, als wären sie gestern passiert. Ich kann mich fast an jedes Detail erinnern. Was ich an welchem Tag gemacht habe oder eben nicht. Das ist alles speziell.

Seit zwei, drei Tagen fühle ich ein Piksen am Rücken. Vielleicht kommt es vom Rucksacktragen und meine Muskeln sind einfach noch verspannt. Aber langsam mache ich mir auch gesundheitliche Gedanken. Aber die will ich gar nicht haben und schiebe sie weg. Es geht mir gut, es geht mir gut und noch mal: Es geht mir gut.

Sobald die Sonne wieder scheint, muss ich unbedingt ein weiteres Porträt machen. Meine Haare wachsen immer weiter und ich habe immer noch einen totalen Lockenkopf. Wer hätte das gedacht?

12.09.2012

Heute Abend vor einem Jahr habe ich Dorle kennengelernt. Basti hatte sie tagsüber angefunkt und ihr von mir erzählt. Ihr Tagesplan war schon sehr voll, aber sie meinte, ich solle doch einfach abends kommen, sie habe Nachtdienst.

Gegen achtzehn Uhr rief Basti mich an, woraufhin ich dann zur Klinik geradelt bin. Von Anfang an fand ich Dorle sehr sympathisch. Erst hat sie sich die Röntgenbilder angeschaut, die die Radiologin uns mitgegeben hatte. Danach hat sie die Brust abgetastet und geschallt. Dabei fragte sie mich, was ich beruflich mache. Während sie auf das Monitorbild schaute, erzählte ich ihr, dass ich auch mit Bildern arbeite, aber dass meine farbig seien. Und dann habe ich ihr von meiner Arbeit als Fotografin erzählt.

Dorle wollte ein paar Gewebeproben aus dem Knoten entnehmen. Dazu hat sie die Stelle an der Brust erst betäubt und dann ein sehr dünnes Metallrohr in Richtung Knoten in die Brust gedrückt. Das war gar nicht so leicht. Mein Gewebe ist wohl sehr dicht. Diese Stanze funktioniert wie ein kleines Gewehr. Vor jedem Schuss, den Dorle auf den Knoten abgab, hat sie mich gewarnt. Es tat aber nicht weh, sondern war bloß laut. Pang! Ich habe alles am Monitor verfolgt und war beeindruckt. Nach der Gewebeentnahme war ich sehr erleichtert und beruhigter.

Ich habe ihr auch von Dr. XY erzählt und dass ich nun einen neuen Arzt suchen würde. Ich sagte, ich wisse, dass sie mir keinen anderen Arzt empfehlen dürfe. Basti hatte es mir in der Früh erklärt. Aber vielleicht, sagte ich, könne sie mir einfach erzählen, zu wem sie selbst gehe. Ihre Frauenärztin ist Frau Dr. Pause. Sie ist eine Freundin und eine gute Ärztin.

Inzwischen bin ich seit Dezember auch bei Frau Pause und schätze sie sehr. Morgen habe ich wieder einen Kontrolltermin bei ihr.

13.09.2012

Vorhin war ich bei Frau Pause. Ich erzählte ihr von dem Ziehen im Unterleib, das ich in Pérols hatte und das sich ein bisschen so anfühlte, als bekäme ich meine Tage. Nach dem Ultraschall meinte Frau Pause, dass sich seit der letzten Untersuchung viel getan habe. Es sei viel mehr Schleimhaut vorhanden und … sie habe ein Eibläschen entdeckt. Sie wolle sich zwar nicht zu weit aus dem Fenster lehnen, denke aber, dass ich innerhalb der nächsten vier Wochen meine Tage bekäme. Ich hatte schon Sorge, dass die Eierstöcke gar nicht wieder anspringen. Aber das ist eine tolle Nachricht! Ich bin also wieder fruchtbar. Wir sollen die Verhütung nicht vergessen. Aber das wussten wir schon. In den ersten zwei Jahren nach der Diagnose keine Schwangerschaft.

Eben habe ich ein Gläschen Wein auf das Eibläschen getrunken.

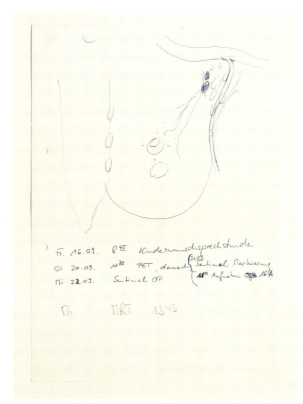

Am 14.09.2011 hat mir Frau Fischer mit dieser Zeichnung erklärt, wie eventuell vom Krebs betroffene Lymphknoten gefunden und später entfernt werden können.

14.09.2012

Gerade komme ich von der Physiotherapie. Das Stechen auf der rechten Rückenseite ist nämlich immer noch da. Es schmerzt nicht, aber da ist etwas. Die Physiotherapeutin sagte, dass es wohl an einer leicht verrenkten Rippe liege und dass meine Muskulatur teilweise sehr angespannt sei.

Als ich am Kanal entlangradelte, musste ich daran denken, wie ich dort letztes Jahr entlanggefahren bin.

Und wie ich mich morgens nach dem Aufwachen sehr genau an meinen Traum erinnerte und mich dabei wohl und sicher fühlte. In diesem Traum hatte ich die Diagnose Brustkrebs bekommen, aber es war ganz klar gewesen, dass ich geheilt würde. Das hat mich im Traum sehr beruhigt. Im vergangenen Jahr musste ich immer wieder an diesen Traum und das beruhigte Gefühl beim Aufwachen denken.

Basti war an diesem Morgen ganz normal zur Arbeit gefahren und ich wartete auf Dorles Anruf. Natürlich in der Hoffnung, dass alles okay sei. Gegen elf Uhr rief sie an und fragte mich, ob ich in die Klinik kommen könne. Klar. Ich meinte noch, dass es wohl nichts Gutes gebe. Darauf antwortete sie, dass sie gehofft hätte, es sei besser.

Ich rief Basti an. Er meinte, ich solle ein Taxi nehmen, aber ich wollte mit dem Fahrrad fahren und mich etwas austoben. Am Kanal stand plötzlich ein <u>Eichhörnchen</u> vor mir auf dem Weg. Wie immer, wenn ich in den letzten Jahren ein Eichhörnchen sehe, habe ich mich über das kleine Tier mit Papa unterhalten. Am Ende habe ich ihm noch gesagt, dass ich ihn nicht so schnell besuchen werde.

Als Dorle und ich im Besprechungszimmer saßen, hat sie Basti angefunkt. Als er kam, hat er gleich meine Hand genommen und gehalten. Dann erklärte Dorle mir, welche Untersuchungen nun gemacht werden müssten. Sie wollte wissen, wie unsere Familienplanung aussehe. Ich musste nicht weinen, ich hatte keine Angst. Ich stand nur unter Schock. Und ich habe mich davor gefürchtet, es Titi zu sagen.

Nachdem Dorle noch einen Ultraschall der Achselhöhle gemacht hatte, habe ich zuerst Hassiba

<u>Eichhörnchen</u>: Bei der Beisetzung der Urne meines Vater hatte sich ein Eichhörnchen zu uns gesellt. Es saß die ganze Zeit dabei, bis die Urne begraben war. Das hat mich sehr froh gemacht und zum Lächeln gebracht.

1. Operation ── Brust ── brusterhaltend → immer Bestrahlg.
                      └ Entferng der Brust
              └ Achselhöhle ── Wächterlymphknoten
                              └ Entferng weiterer Lymphknoten

2. Chemotherapie — Zyklen 6-8 alle 3 Wochen

3. Antihormontherapie — Tabletten über 5 Jahre
   ggf.   + Spritzen alle 1-3 Monate

4. Antikörpertherapie — Herceptin alle 4 Wochen über 1 Jahr
   ggf.

5. Bestrahlg → jeden Tag 5-6 Wochen.

- CT — Lunge + Leber
- Untersuchg der Knochen (MRT/CT)
- Herzecho
- Bluttest, was noch?
- Portanlage

Am 14.09.2011 lagen noch nicht alle pathologischen Werte vor. Klar war aber, dass die Tumorzellen hochaggressiv sind und ich eine Chemotherapie bekomme. Hier hat Frau Fischer aufgelistet, welche Therapieschritte zu diesem Zeitpunkt infrage kamen und welche Untersuchungen in den folgenden Tagen gemacht werden sollten.

angerufen und sie gebeten, in Titis Büro zu gehen. Ich wollte nicht, dass sie alleine sei, wenn ich es ihr sage. Hassiba wollte noch wissen, was los sei. Ich höre uns noch: »Ich habe Brustkrebs.« – »Wer hat Krebs?« – »Ich.« Diese Nachricht hat ewig gebraucht, bis sie München erreicht hatte.

Hassiba ist dann zu Titi gegangen. Erst nach einer langen Weile hat Titi mich angerufen. Hassiba hatte es ihr schon gesagt. Und wahrscheinlich hatte Titi sich schon ausgeweint, bevor sie anrief.

Aus irgendeinem Grund habe ich mich stark gefühlt. Ich würde eine Chemotherapie bekommen, aber in diesem Moment störte es mich nicht weiter. Endlich wusste ich, was los war. Die Ungewissheit der letzten zehn Tage war weg und das hat mich sehr erleichtert.

Basti hat noch einen Termin für einen Ultraschall der Leber klargemacht. Prof. Fellermann hat mich untersucht. Er hat nichts Auffälliges gesehen. Dieses Ergebnis haben wir Dorle dann nachmittags noch mitgeteilt. Das schien schon mal eine sehr gute Nachricht zu sein.

Jetzt, wo feststand, was Sache war, hatte ich nichts dagegen, dass Basti es seinen Eltern sagt. Vorher wollte ich niemanden beunruhigen. Nur mit Kati hatte ich gesprochen.

Am Abend haben wir auch über Perücken gesprochen. Basti meinte, dass wir auf jeden Fall eine kaufen, weil es sicher Situationen geben werde, in denen ich sie brauche. Wir haben uns viel umarmt.

Titi und Hassiba sind abends in München essen gegangen. Und Pascal, der eigentlich verabredet war, sollte zumindest kurz im Restaurant vorbeischauen, damit er nicht alleine sei, wenn ich es ihm am Telefon sage. Als er mich anrief, wusste er es schon. Wir telefonierten eine Weile. Ich habe ihm gesagt, dass ich mich freuen würde, wenn er und Titi mich am Wochenende in Lübeck besuchen kämen. Titi und Hassiba verbrachten den ganzen Abend im Restaurant. Sie haben mir ständig gesimst, dass sie auf meine Gesundheit anstoßen. Ich hatte Angst, dass es Titi so mitnimmt, dass ihr der Appetit vergeht. Hassiba sollte darauf achten, dass sie ordentlich isst.

Eben hat Titi mich angerufen. Sie erinnert sich auch an das Datum. Hassiba auch. Sie hat mir eine SMS geschickt und geschrieben, dass sie den ganzen Tag an mich gedacht habe und hoffe, dass ich nicht zu nostalgisch sei. Nein, das bin ich nicht. Eigentlich mache ich mir zwischendurch nur Gedanken wegen des Stechens im Rücken. Aber dann sage ich mir gleich: »Es ist nur die Rippe.«

15.09.2012

Heute hat <u>Steph</u> Geburtstag. Heute vor einem Jahr habe ich sie gleich morgens angerufen, um ihr zum dreißigsten Geburtstag zu gratulieren. Naja, leider habe ich ihr mit meiner Diagnose den Geburtstag ziemlich versaut. Etwas später bin ich dann für einen CT-Termin in die Uni gefahren.

Einen Liter Kontrastmittel sollte ich trinken. Es fiel mir total schwer, denn es schmeckt ekelhaft. Im Warteraum saß eine Frau. Nach einer Weile meinte sie: »Sie sehen aber auch nicht gesund aus.« Ich dachte, ich höre nicht richtig, und bin einfach nicht auf sie eingegangen.

Basti hat mich zwischendurch ein paar Mal besucht. Als ich in die Röhre sollte, hatte ich die nötige Menge Kontrastmittel immer noch nicht ganz getrunken. Ich war einfach total nervös. Ich sollte mich beeilen und wollte das letzte Glas in einem Zug trinken. Obwohl Basti sagte, ich solle mich hinlegen und tief einatmen, ist es wieder hochgekommen. In die Röhre ging es danach trotzdem. Mir war kalt, ich hatte Angst und wurde noch zittriger.

Als ich danach wieder angezogen war, kam der Pfleger und sagte, Basti schaue sich gerade mit dem Radiologen die Bilder an. Es kam mir vor, als dauerte das ewig. Später kam Basti wieder und sagte, alles sei gut.

Nachmittags hatten wir noch einen Termin bei Dorle. Sie hat das Thema Kinderwunsch noch einmal angesprochen und gleich für den nächsten Morgen einen Termin im Kinderwunschzentrum vereinbart. Später wollte mich noch die Psychotherapeutin sehen.

<u>Steph</u> ist eine Cousine mütterlicherseits und Sophs Schwester.

16.09.2012

Wieder heute vor einem Jahr: Basti und ich hatten einen Termin im Kinderwunschzentrum. Tim Cordes, der Reproduktionsmediziner, erklärte mir, dass die Eierstöcke nach der Chemo eventuell nicht mehr anspringen. Deswegen sei es möglich, vor Beginn der Chemo eine Hormonbehandlung mit Eizellenentnahme durchzuführen. Dann gebe es eingefrorene Eizellen, auf die wir später zurückgreifen könnten. Für unsere Entscheidung war nicht viel Zeit. Der Preis für die Behandlung war hoch – die gesetzliche Krankenkasse übernimmt die Kosten nicht – und es war keineswegs klar, ob tatsächlich Eizellen entnommen werden könnten. In meinem Kopf waren inzwischen zu viele Informationen. Basti meinte nur: »Nicht aufs Geld achten.«

Wir haben uns schließlich für eine Stimulation entschieden und am selben Tag mit dem Spritzen angefangen. An den folgenden neun Tagen bekam ich dann täglich zwei Hormonspritzen und nahm eine Hormontablette. An mehreren Tagen wurde ein Ultraschall gemacht, um die Produktion und die Größe der Eibläschen zu beobachten. Am elften Tag bekam ich nur noch morgens eine Spritze und abends eine letzte mit einem Wirkstoff, der den Eisprung auslöste. Genau sechsunddreißig Stunden später wurde dann die Punktion gemacht, um die Eizellen zu entnehmen.

Stimulation: Bei Frauen, die noch einen Kinderwunsch haben, kann vor einer Chemotherapie die Entnahme von Eizellen durchgeführt werden. Um diese möglich zu machen, werden die Eierstöcke zunächst mit Hormonen angeregt, viele Eizellen reifen zu lassen, die dann abgesaugt werden. Diese werden gegebenenfalls befruchtet und tiefgefroren. Zu einem späteren Zeitpunkt können die gewonnenen Eizellen der Patientin wieder eingesetzt werden.

18.09.2012

Ich sitze im Zug nach Köln.

Während der Reha in der Luise von Marillac Klinik hatte ich ein paar Mädels aus dem Rheinland kennengelernt. Drei von ihnen treffe ich heute Abend: Ute, Jutta und Sarah, die in Köln wohnt und bei der ich auch übernachte. Es wird bestimmt ein schöner Abend.

Sarah hat die letzte Zoladex-Spritze wie ich Ende Dezember 2011 bekommen, aber sie hatte ihre Tage schon zweimal. Ich werde ihr nachher erzählen, dass Frau Pause mir letzte Woche gesagt hat, dass es bei mir wohl auch bald wieder losgehe.

In letzter Zeit hatte ich immer mal wieder ein leichtes Piksen an der Rippe, das mich schon verunsichert hat. Heute Morgen war ich noch mal bei der Physiotherapie. Jetzt ist es so gut wie weg.

Ansonsten geht es mir ganz gut.

19.09.2012

Mein kleiner Köln-Ausflug geht zu Ende. Ich bin grad in den Zug zurück nach Lübeck gestiegen.

Der Abend gestern war sehr nett. Wir haben auch viel gelacht. Ute hat von ihrer neuen Stelle im Rasenmäher-Business berichtet. Sie hat richtig abgenommen und sieht toll aus. Jutta, die Schuldirektorin ist, arbeitet wieder und Sarah hat die Reintegration hinter sich. Ihre Diagnose wurde eineinhalb Jahre früher gestellt als meine. Im Mai, als wir noch in der Klinik waren, hatte Ute noch so einen wilden Lockenkopf wie ich jetzt. Gestern meinte sie, dass die Locken mit der Zeit wieder weniger werden. Ich bin gespannt. Wenn die Haare tatsächlich irgendwann ihre ursprüngliche Struktur zurückbekommen, lohnt es sich ja richtig, die Porträtstrecke fortzusetzen, um die Entwicklung festzuhalten.

Ich habe meinen Rucksack den ganzen Tag getragen. Jetzt tun mir die Schultern wieder weh. Dieses Mal allerdings mehr auf der linken Seite. Aber morgen früh habe ich wieder Physiotherapie. Danach geht es hoffentlich wieder etwas besser.

Diese Perücke habe ich mir kurz nach der Diagnose gekauft, getragen habe ich sie aber nie. Sie fühlte sich auf der Kopfhaut sehr unangenehm an.

27.09.2012

Ich habe meine Tage wieder.

Die Eierstöcke sind also tatsächlich angesprungen. Ist das geil oder was?!

Frau Pause hatte also Recht, als sie meinte, dass es wahrscheinlich keine vier Wochen mehr dauern werde. Wer hätte gedacht, dass ich mich jemals so sehr über meine Tage freuen würde. Jetzt muss ich nur noch warten, bis diese verflixten ersten zwei Jahre um sind, dann kann es mit der Familienplanung losgehen.

Ich habe es Dorle vorhin geschrieben. Solche Neuigkeiten muss ich ihr natürlich mitteilen. Sie freut sich.

30.09.2012

Wir sind in Pérols. Gestern hat es den ganzen Tag geregnet, aber jetzt scheint die Sonne. Basti war baden und jetzt sitzen wir am Pool und trinken einen Ricard.

Am Freitag hatte ich noch Physiotherapie. Danach habe ich Ilka kurz besucht und erzählt, dass an meinem Rücken etwas klemme. Obwohl sie seit mehreren Wochen krankgeschrieben ist, sind wir kurz in ihre Praxis gegangen. Dort hat sie wie verrückt auf meinem Rücken herumgedrückt. Überall hat es geknackst. Zum Schluss hat sie mich noch getaped.

Ich würde mich wirklich freuen, wenn das Piksen nun weg ist. Dann kann ich auch endlich aufhören, mir Gedanken zu machen. Basti hat schon mehrmals gesagt, es gebe keinen Grund zur Sorge.

19.10.2012

Heute war ich nach längerer Zeit mal wieder beim Frisör. Marcell hat gar nicht so viel abgeschnitten, aber die hellen Strähnchen sind jetzt fast alle weg. Und den Lockenkopf habe ich auch nicht mehr. Zumindest im Moment. Mal gucken, wie es morgen nach dem Haarewaschen aussieht. Ich habe mir eine Locke als Andenken mitgenommen.

Mein Haar ist jetzt richtig dunkel. Bestimmt glaubt mir niemand, dass ich mal blond war.

Und meine Tage habe ich auch wieder. Schon zum zweiten Mal.

10.11.2012

Gestern hatte ich im Kinderwunschzentrum einen Termin bei Prof. Dr. Griesinger. Das Gespräch war sehr gut und bezüglich der Präimplantationsdiagnostik habe ich jetzt auch eine Entscheidung getroffen: Ich will meine Eizellen auf die Genmutation untersuchen lassen.

Eine Eizelle kann nicht direkt getestet werden. Aber der Polkörper, der kleine Nupsi also, der an ihr dranhängt, kann entfernt werden. Ihn könnte man genetisch untersuchen lassen. Für diesen Test würden die Molekularbiologen mir Blut abnehmen. Die gesamte Prozedur würde bis zu sechs Monate dauern und vier- bis fünftausend Euro kosten. Das ist natürlich nicht wenig, aber den Preis würde ich zahlen, wenn ich damit meinen Kindern den Rest ersparen könnte, sie also keine BRCA-Mutation erben bzw. vererben würden. Und was die Menge der Eizellen angeht, liegen ja schon drei im Tiefkühlfach. Also werden entweder diese drei getestet oder man stimuliert ein weiteres Mal und testet die gesamte Sammlung.

Herr Griesinger ist sich sicher, dass die Chemo bei mir Schäden hinterlassen hat. Auch wenn ich jetzt wieder meine Tage habe, bedeute das nicht, dass ich problemlos auf natürlichem Wege schwanger werden könne. Aber genau das hatte ich gedacht.

Anscheinend war schon im September 2011 ein Hormonwert, der Anti-Müller-Hormonwert, etwas niedrig. Dieses Hormon ist aber wichtig, damit die Eierstöcke funktionieren. Jetzt ist der Wert bestimmt noch niedriger.

Er wollte, dass ich eine Nacht drüber schlafe, bevor ich mich entscheide. Ich habe ja schon viele Nächte darüber geschlafen und bin mir ziemlich sicher, dass ich meine Meinung nicht mehr ändere. Aber ich verstehe ihn auch. Bevor die Untersuchung tatsächlich gemacht werden kann, muss mein Wunsch, den Polkörper auf die Mutation testen zu lassen, erst mal durch die Ethikkommission. Die BRCA-Mutation wurde in der Uniklinik Lübeck in einem solchen Zusammenhang wohl noch nicht diagnostiziert. Ich würde mich so freuen, wenn es klappen würde.

Gestern Abend habe ich noch mit Dorle telefoniert, weil ich ihre Meinung auch gerne hören wollte. Auf der einen Seite werde die Medizin sich in den nächsten zwanzig bis fünfundzwanzig Jahren wahrscheinlich extrem weiterentwickeln. Vielleicht sind Gendefekte dann irgendwann auch reparierbar. Wenn der Gendefekt bekannt ist, kann man auch sehr gut vorbeugen und zum Beispiel Brustgewebe und Eierstöcke entfernen. Empfohlen wird, das Brustgewebe fünf Jahre vor der bisher jüngst erkrankten Verwandten zu entfernen. Jetzt bin ich in unserer Familie die jüngste Erkrankte. Wenn das so bleibt, würde man meiner Tochter diese OP mit siebenundzwanzig Jahren empfehlen. Aber man kann auch niemanden dazu zwingen.

In meiner Familie sieht man schon, wie unterschiedlich die Menschen mit dieser Information umgehen. Außer Titi und Tante Maria hat sich keiner testen lassen. Wenn meine Tochter sich vielleicht auch nicht testen lassen möchte und dann irgendwann doch erkrankt, würde ich mir schreckliche Vorwürfe machen.

Und davon abgesehen: mit siebenundzwanzig Jahren diese OP und danach nur Silikonkissen? Das stelle ich mir ziemlich beschissen vor. Das ist so jung. Ich würde es einfach jedem ersparen wollen.

Gestern war Basti tagsüber in Frankfurt und gegen halb elf zu Hause. Wir haben dann alles eine ganze Weile diskutiert. Er kann nicht glauben, dass ich in diesem Jahr noch mal freiwillig in den OP gehen will, um mir wieder Eibläschen entnehmen zu lassen. Ich habe doch dieses Jahr genug mitgemacht. Mir macht das ehrlich gesagt nichts aus. Was erledigt ist, ist erledigt.

Als Präimplantationsdiagnostik werden Untersuchungen bezeichnet, die helfen zu entscheiden, ob ein durch künstliche Befruchtung erzeugter Embryo in die Gebärmutter eingepflanzt werden soll oder nicht. Sie wird hauptsächlich zur Erkennung von Erbkrankheiten und zur Erkennung von Veränderungen an den Chromosomen angewendet.

26.11.2012

Gastrografin, 30 ml,
verdünnt mit einem Liter Wasser
Xenetix 300, 100 ml

Ich bin wieder im Krankenhaus. Das Restaging steht an. Erst wird mir Blut abgenommen. Die Leberwerte sollen kontrolliert werden. Um dreizehn Uhr wird ein CT gemacht. Danach schallt Dorle die Brust.

Gestern hat Herr Griesinger geantwortet. Seit dem letzten Treffen hat er mir verschiedene Informationen zukommen lassen. Erst hatte ich gehofft, dass der Gentest in Lübeck gemacht werden könnte, aber die Ethikkommission hier ist damit nicht einverstanden. Ich werde in Deutschland wohl niemanden finden, der den Test macht. Herr Griesinger hat deshalb Kollegen in Brüssel kontaktiert. Dort gibt es offenbar ein sehr gutes Zentrum. Ihre Rückmeldung hat ein bisschen gedauert, aber gestern um Mitternacht habe ich eine E-Mail von Herrn Griesinger erhalten. Brüssel macht den Test. Yippie!

Mit dem nächsten Zyklus werde ich eine weitere Hormontherapie beginnen. Sie wird neun bis zwölf Tage dauern. Sobald die Eizellen entnommen sind, werden die abgelösten Polkörper nach Brüssel geschickt und getestet.

28.11.2012

Am Montag hatte Basti Peter Hunold, einen Kollegen aus der Radiologie, gebeten, sich meine CT-Bilder anzusehen. Um siebzehn Uhr hat Basti mich angerufen: Alles ist gut. Was für eine Erleichterung, jedes Mal wieder. Innerhalb kürzester Zeit fühle ich mich sehr viel leichter.

Dorle hatte beide Brüste geschallt. Auch da alles gut.

08.12.2012

Menogon, eine Ampulle,
abends
Gonal F, 300 IE, abends

09.12.2012

Menogon, eine Ampulle,
abends
Gonal F, 300 IE, abends

10.12.2012

Menogon, eine Ampulle,
abends
Gonal F, 300 IE, abends

11.12.2012

Menogon, eine Ampulle,
abends
Gonal F, 300 IE, abends

12.12.2012

Orgalutran, 0,25 mg,
morgens
Menogon, eine Ampulle,
abends
Gonal F, 300 IE, abends

13.12.2012

Orgalutran, 0,25 mg,
morgens
Menogon, eine Ampulle,
abends
Gonal F, 300 IE, abends

14.12.2012

Orgalutran, 0,25 mg,
morgens
Menogon, vier Ampullen,
abends

15.12.2012

Orgalutran, 0,25 mg,
morgens
Menogon, eine Ampulle,
abends
Decapeptyl, 2-mal 0,1 mg,
gegen 22 Uhr

20.12.2012

In den letzten Tagen gab es wieder eine Menge zu verdauen.

Am 8. Dezember, es war mein zweiter Zyklustag, bin ich für die Hormontherapie zur Klinik gefahren und habe zwölf Spritzen verschrieben bekommen. Täglich sollte ich eine injiziert bekommen. An den Tagen, an denen Basti nicht da sein würde, würde Friedi mich spritzen.

Am 14. Dezember wurden die Eibläschen im Kinderwunschzentrum per Ultraschall kontrolliert. Der eine Eierstock hatte keine Eibläschen produziert, der andere nur zwei. Eins davon hatte eine gute Größe, das zweite war noch sehr klein. Aber die Ärztin meinte, ich könne mit dem Ergebnis zufrieden sein. Die Chemo habe tatsächlich einige Spuren hinterlassen. Sauerei. Im September 2011 wurden noch neunzehn produziert. Am Montag drauf wurde die Eizellenentnahme durchgeführt. Der Arzt glaubte, nur eine Eizelle entnommen zu haben, nicht zwei. Sie sollte sofort befruchtet und im Anschluss eingefroren werden. Am nächsten Tag bekam ich die Info, dass die Befruchtung zwar geklappt habe, aber dass eine Anomalie zu sehen gewesen und die Eizelle deshalb nicht aufbewahrt worden sei. Die ganze Behandlung, der ganze Stress für die Katz. Verfluchte Scheiße.

Vorhin habe ich mit Herrn Griesinger telefoniert, um zu erfahren, wie es jetzt weitergeht. Wäre eine dritte Stimulation denkbar? Könnten auch natürlich herangewachsene Eizellen punktiert werden? Werden sich die Eierstöcke vielleicht mit der Zeit noch etwas von der Chemo erholen? Mir jagen noch so viele Fragen durch den Kopf. Letzte Nacht habe ich bestimmt zwei Stunden wach gelegen und konnte den Motor meiner Fantasie nicht ausschalten. Aber jetzt, nach dem Gespräch mit Herrn Griesinger, verstehe ich alles etwas besser und bin wieder entspannter. Herr Griesinger befürchtet, dass eine weitere Stimulation mich eventuell wieder enttäuschen werde. Das wolle er mir ersparen. Er an meiner Stelle würde versuchen, auf natürlichem Weg schwanger zu werden und den Gendefekt einfach zu ignorieren. Wenn es so nicht klappt, könnten wir immer noch die drei tiefgefrorenen Eizellen nehmen. Aber wenn ich anders vorgehen wolle, könnten wir es in einem oder einem halben Jahr noch einmal probieren. Er sei offen für alles. Ich bräuchte ihm nur sagen, wofür wir uns entscheiden, und er unterstütze uns, wo er könne. Und wenn alle Stricke rissen, gebe es auch die Möglichkeit, gespendete Eizellen zu nutzen.

Übrigens: Es ist tatsächlich möglich, natürlich herangewachsene Eizellen zu punktieren. Aber das würden wir nur machen, wenn die Eizellen wirklich in Brüssel getestet werden sollen.

Friedi ist eine Kollegin von Basti. Wir sind beide mit ihr befreundet. Sie ist Internistin und arbeitet auch am UKSH Campus Lübeck.

05.02.2013

Obwohl ich mich oft ans Tagebuch setzen wollte, ist seit dem letzten Eintrag schon wieder eine Menge Zeit vergangen. Immer gab es etwas zu erledigen.

Wir wohnen jetzt in unserem rosa Häuschen. Rosa, altrosa, schweinchenrosa.

Mitte Januar hatte ich einen kleinen Panikanfall. Frau Pause und Ilka erinnern mich immer wieder, dass ich nichts Schweres mehr tragen soll. Aber bei einem Umzug ist das gar nicht so leicht. Zwar hatten wir ein Umzugsunternehmen beauftragt, aber die Kisten mussten ja trotzdem gepackt werden. Dabei habe ich mich wohl etwas übernommen. Ich habe die Kisten zwar nicht herumgetragen, aber immer wieder kurz angehoben, um zu schauen, ob man sie noch tragen kann.

Am Sonntag, dem 13. Januar, habe ich in der linken Brust eine harte Stelle getastet. Basti war an dem Wochenende nicht da. Die Stelle hat sich anders angefühlt als die im September 2011, aber beunruhigt hat sie mich doch.

Am Montag bin ich dann gleich zu Frau Pause gegangen. Erst hat sie die Stelle getastet und danach einen Ultraschall gemacht. Dort war nichts Auffälliges zu sehen. Sie meinte, es liege wahrscheinlich am Muskel und ich solle in zwei Wochen noch einmal kommen. Und vielleicht auch kurzfristig einen Termin bei Dorle vereinbaren.

Eine gute Woche später war ich dann wieder bei Frau Pause. Sie wollte mich einmal sehen, während ich meine Tage habe. Die kommen gerade unregelmäßig und ziemlich häufig. Die Verhärtung in der Brust war etwas zurückgegangen. Ich hatte in der Zwischenzeit aber auch nichts Schweres mehr getragen und mich geschont, wie sie gesagt hatte. Ich kann total banale Sachen nicht mehr machen wie früher. Als wir den Keller der alten Wohnung ausräumten, wollte Basti mir eine große leere Kiste reichen. Der Winkel war etwas ungünstig und ich konnte sie einfach nicht halten, obwohl sie überhaupt nicht schwer war. Das hat mich fertiggemacht und ich musste weinen. Ich will kein Krüppel sein und fühle mich auch nicht so. Aber in bestimmten Situationen bin ich es wohl doch. Ein Krüppel bin ich.

02.04.2013

Es sind schon wieder zwei Monate vergangen. Wie die Zeit rennt.

Es geht mir soweit ganz gut.

Basti ist seit zwei Monaten in Cambridge und ich besuche ihn gerade über die Ostertage.

Morgen fliege ich zurück nach Lübeck. Im April besuche ich Pascal in München und Titi in Pérols.

Der Umzugsstress ist vorbei und die verhärtete Stelle kann ich auch nicht mehr tasten.

Ende Februar war ich noch mal bei Frau Pause. Ich habe wohl ein Myom, aber das ist nichts Alarmierendes. Und es hat auch nichts mit meiner genetischen Veranlagung zu tun. Als sie es mir sagte, war ich aber schon etwas beunruhigt, aber inzwischen bin ich es nicht mehr.

Mitte März war ich ein paar Tage in Paris und habe im Musée Quai Branly im Rahmen der Ausstellung »Cheveux chéris« zum Thema Haarverlust einen Vortrag zu meinem Projekt gehalten. Das war vielleicht aufregend. Vor meiner Präsentation hatte ein Frisör einen Kurzfilm gezeigt. Er dauerte nur knapp drei Minuten und hat die Zeit bis zum Haarverlust einer Krebspatientin sehr gut dargestellt. Ich konnte mich so extrem in die junge Frau hineinversetzen, dass es sich wie meine eigene Erfahrung anfühlte. Während des Films merkte ich schon, wie mir die Tränen in die Augen stiegen. Titi hat es gleich gemerkt. Sie hat mich etwas getröstet und mir ihre Hand auf den Oberschenkel gelegt. Danach ging es wieder. Als der Film zu Ende war, applaudierte das Publikum und ich ging nach vorne. Aber kaum hatte ich am Pult Platz genommen, holten mich die ganzen Emotionen von dem Film wieder ein. Ich habe mich halbwegs unter dem Tisch versteckt und musste weinen. Mathilde, die mich ja zu der Veranstaltung eingeladen hatte, kam gleich besorgt zu mir. Aber ich hatte meine Tränen schnell wieder im Griff und begann mit meinem Vortrag, als ob nichts gewesen wäre.

Heute geht es mir gut.

Natalie Kriwy ist 1979 als Deutsch-Französin in München geboren und aufgewachsen. Nach dem Abitur zog sie 1997 nach England und absolvierte am Kent Institute of Art and Design in Rochester ihren BA Editorial and Advertising Photography. Im Anschluss zog sie nach Paris und machte an der École Nationale Supérieure de Création Industrielle ihren Master in Neue Medien. 2003 erhielt sie das Stipendium Artist in Context von Pépinières pour jeunes artistes, zog nach Berlin und erwarb kurz darauf an der Universität der Künste einen Master Art in Context.

    2006 zog Natalie Kriwy nach Hamburg und ein Jahr später nach Lübeck, wo sie heute lebt. Sie arbeitet als freie Fotografin u. a. für »Merian«, »The Guardian«, »Dummy Magazin«.

Dank

Wenige Tage, nachdem ich den Knoten in meiner Brust getastet hatte, lernte ich in der Uniklinik Lübeck Prof. Dr. Dorothea Fischer kennen, durch sie wenige Monate später die niedergelassene Frauenärztin Dr. Christiane Pause. Etwas Besseres als diese beiden Ärztinnen hätte mir nicht passieren können. Mein Dank ist unendlich.

Auch möchte ich all den Mitarbeitern der Uniklinik Lübeck, die sich um mich gekümmert haben, danken: Prof. Dr. Klaus Diedrich, Dr. Tim Cordes, PD Dr. Dörte Lüdders, Dr. Kathrin Steffen, Schwester Susanne und Schwester Wiebke vom Chemopavillon, Prof. Dr. Daniela Hornung, PD Dr. Marc Thill und dem OP-Team, Prof. Dr. Georg Griesinger, dem Träger Torsten Königsmann, den Schwestern der Station 16a und Christine Doumen, Prof. Dr. Hendrik Lehnert, Prof. Dr. Klaus Fellermann, Dr. Alexander Iwen, Dr. Daniela Reichert und Dr. Konrad Platzer, PD Dr. Peter Hunold, Prof. Dr. Hartmut Merz, Maximilian Gebhard und Jörg Riedel.

Den Arzthelferinnen von Dr. Christiane Pause bin ich für ihren herzlichen Umgang sehr dankbar.

Ebenso gilt mein Dank den Mitarbeitern der Luise von Marillac Klinik, besonders Doreen Groening und den lieben »Bruschtschwestern«.

Für ihre liebevolle und zuverlässige Hilfe danke ich Hassiba, Kati und Robert, Ilka, Lisa, Lesley-Ann, den Bolettis, Knödi und Aleks, Morten, Gabi, Mechthild, Micha, Pierre, Katha, Kate, Marcell, Margrit, Petra, Flo, Meini und Friedi.

Mein ganz besonderer Dank geht an meine Familie, die mir immer zur Seite stand: Julia, Korbi, Irene, Volker, Nadine, Karola, Martina, Adi, Irmtraud, Silvia, Evi, Onkel Karl und Tante Maria, auch für die gehäkelten Mützen. Merci à Dédé, Domi, Soph, Steph, Laurent, Sylvain, Didou, Tante Michèle, JP et Coco.

Ich danke Johannes Erler und Isabelle Erler für ihre Motivation, aus einer Idee ein richtiges Buch zu machen, und dafür, dass wir es zusammen mit Inga Albers, auch ihr vielen Dank, schließlich geschafft haben.

Dieses Buchprojekt konnte ich nur mit Hilfe der großzügigen finanziellen Unterstützung von AstraZeneca umsetzen. Dafür danke ich dem Unternehmen sehr.

Ohne das Vertrauen von Christian Rieker läge dieses Buch jetzt nicht vor uns. Auch ihm und den Mitarbeitern von Prestel gilt mein Dank.

Und zu guter Letzt und von ganzem Herzen danke ich den wichtigsten Menschen in meinem Leben: Pascal, Titi und Basti.

© Prestel Verlag
München · London · New York, 2016

Die deutsche Nationalbibliothek verzeichnet diese Publikation in der deutschen Nationalbibliografie. Detaillierte bibliografische Daten sind im Internet über http://www.dnb.de abrufbar.

Prestel Verlag, München
in der Verlagsgruppe Random House GmbH
Neumarkter Straße 28
81673 München
Tel. +49 (0)89 4136-0
Fax. +49 (0)89 4136-2335

www.prestel.de

Vorsatz vorne:
Vergrößerte Gewebeaufnahme nach der Entnahme von Brustgewebeproben am 12. September 2011. Die dichten, blau gefärbten und die braunen Zellen sind gesund, die übrigen bösartig.

Vorsatz hinten:
Vergrößerte Gewebeaufnahme nach der Entnahme von Brustgewebe am 08. Februar 2012. Nach der abgeschlossenen Chemotherapie ist das Gewebe des ehemaligen Tumorbetts vernarbt. Bösartige Zellen sind nicht mehr nachweisbar.

Fotografie
Natalie Kriwy
nataliekriwy.com

Konzept
Natalie Kriwy, Isabelle Erler, Johannes Erler

Text
Natalie Kriwy, Isabelle Erler

Gestaltung
Johannes Erler, Inga Albers
ErlerSkibbeTönsmann
est-agentur.de

Projektmanagement und Lektorat
Isabelle Erler
Punkt & Pünktchen – Das Textbüro
punktpuenktchen.de

Fachliche Beratung
Prof. Dr. Dorothea Fischer
Prof. Dr. Hartmut Merz
Prof. Dr. Sebastian Schmid

Herstellung
Astrid Wedemeyer

Schlusskorrektur
Monika Wiedenmann, Berlin

Lithografie
ReproLine Mediateam, München

Druck und Bindung
DZS Grafik, d.o.o., Ljublijana
Gedruckt in Slowenien

Verlagsgruppe Random House FSC® N001967
Das für dieses Buch verwendete FSC®-zertifizierte Papier Tauro liefert Papierunion.

ISBN 978-3-7913-8233-3

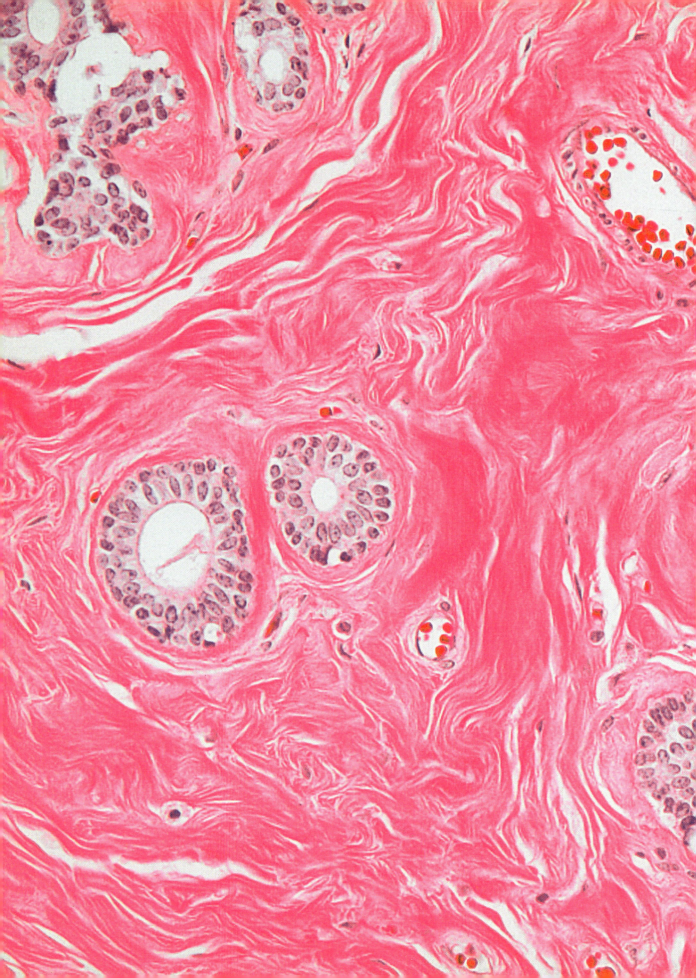